CHAPTER

1

• MORNING TIME •

毎日を最高に充実させている人の

朝時間 編

気持ちいい一日を過ごすためには、朝時間の使い方が重要です。「早起きすれば、体調も整い、仕事にも打ち込めそう」そう思っていても、なかなか実行できないもの。スッキリ目覚めるためには何をするべき？　目が覚めたら、何をすればいい？　早起きのメリットを徹底解説し、続けるためのコツをお教えします。

三日坊主で終わらせない！

「朝30分」を上手に使うと、毎日がうまく回りだす

なんとなく、いろんな面で良さそうな朝型。体にどういいのかが、科学的にも明らかになってきています。でも、良いと分かっていても続けられないのが朝型生活。続かない理由と、続けるための意外なコツが分かりました。

この人たちに聞きました

早稲田大学 先端生命医科学センター長
柴田重信さん
早稲田大学先進理工学部電気・情報生命工学科生理・薬理学研究室教授。薬学博士。「時間生物学」をベースにした「時間栄養学」の研究成果を次々と発表。近年は「時間運動学」なども研究、時間軸の健康科学をリードする。

習慣化コンサルタント
古川武士さん
大手電機メーカーなどを経て独立。成果を出すには継続が最大の課題と認識し、「習慣化」をテーマにコンサルティングや研修を個人や法人に提供。著書に『人生の主導権を取り戻す「早起き」の技術』（大和書房）ほか。

「ワクワクする朝型」で人生の主導権を取り戻せる

いいことずくめの朝型生活。そのメカニズムが最新の研究で分かってきた。時間を軸にした健康科学に詳しい、早稲田大学教授の柴田重信さんによると、「朝の光を浴びて朝食を取ると、脳や肝臓などにある時計遺伝子が『今からが活動の時間』と認識して、やる気やパフォーマンスが高い状態が日中ずっと続くのです」。朝型の人の仕事がはかどる理由のひとつはこれだ。

健康を保つのにも朝型がいい。生活習慣病にかかりにくかったり、同じものを食べても太りにくかったり。「特に、1日に取る食事を、朝と昼にしっかり、夜は軽く、が実践できている人は太りにくいです」（柴田さん）。

ただ、朝型の良さは分かっていても、続けるのが難しい。習慣化コンサルタントの古川武士さんは、「頭で考えた『やるべきこと、正しいこと』を早起きでやろうとするのが失敗のもと。そうではなくて、起きることが楽しみな〝ワクワクすること〟なら続けられます」と話す。朝イチでいい感情が持てると、後に続く仕事や家事にも前向きに取り組めるので、「人生の主導権を取り戻せて、毎日がうまく回るようになります」（古川さん）。

朝30分を上手に使うと　体や肌の調子が良くなる

よく眠っているので
肌の状態が良く
化粧ノリもいい
目覚めスッキリで
気分爽快
朝型の人は
食べても太りにくく、
スタイルがいい
朝型の人は
病気になりにくい

明るい時間に活動し、暗い時間には休んで体を修復するのが体のリズム。「夜型で夜遅くに食べてすぐ寝るのは、道路の修復工事中に車がどんどん来るようなもの。体はうまく修復されず、疲れも抜けません」（柴田さん）。

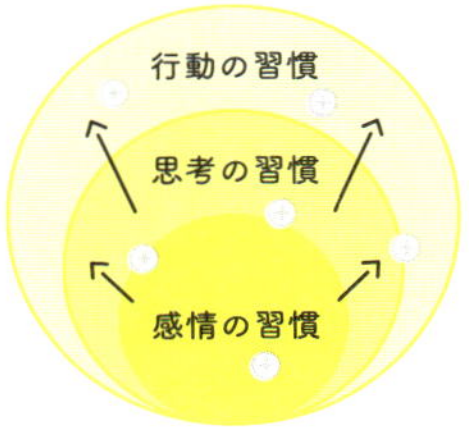
行動の習慣
思考の習慣
感情の習慣

THINKING NOTE

気分がいいと考え方も前向きになり 何をやってもうまくいく

古川さんによると、「ある習慣が続くかを決めるのは、プラスの感情（ワクワクする）を得られるかどうか。感情のプラスは思考や行動にも波及して、いいサイクルに入れます。逆に、感情がマイナス（嫌々、渋々）だと、それを打ち消すための行動（例えば酒を飲むなど）に走り、良いはずの習慣が続きません」。

朝30分を上手に使うと　仕事がもっとはかどる

目覚めがいいので
頭がクリアに働く
時間に余裕があるので
焦らず仕事に
取り組める
仕事の段取りを
立ててこなすので、
仕事が早く終わる
朝ごはんを食べるので
午前中から全力で
仕事ができる

「朝食をきちんと食べると、日中のパフォーマンスが高く維持されます」（柴田さん）。また、「職場に早めに行けると、1日の仕事の計画を立てて重要な仕事を最初に終えられ、早く退社できます」（古川さん）。

「朝30分」を無理なく続けるコツ

1 早起きは30分程度でOK

朝型を三日坊主にしないためには、「いきなり2時間早起きしようと考えず、まずは30分の早起きから」（古川さん）。朝、ぼんやり過ごしているなら、その時間を活用するのでもいい。

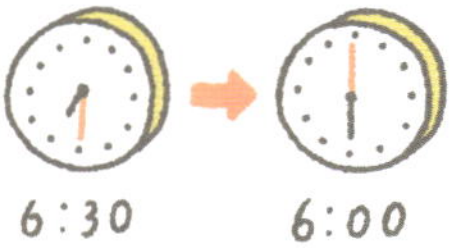
6:30
6:00

2 朝イチに好きなことをする

『これをやるべき』で決めると、早起きは失敗する。仕事と関係ない趣味や、少し稼げる副業など、ワクワ

朝30分を上手に使うと　気分が上がり、成長できる

好きなことなら
続けられて
成長が感じられる

関連して
次々とやりたいことを
思いつく

朝から気分が
上がり、何を
やってもうまくいく

「『仕事のために英語を勉強しないと』と始める早起きは、続きません。『好きな朝ランを続けたらホノルルマラソンに出たくなり、そのために苦手な英語を勉強しよう』と始めた習慣なら続きます」（古川さん）

クすることを朝イチでして、気持ち良く1日を始めましょう」（古川さん）

3 早起きする分、早寝して睡眠不足にしない

早起きするなら、同時に就寝を早めないと睡眠時間が減ってしまう。朝寝坊に戻りやすいだけでなく、睡眠不足を続けると、日中のパフォーマンスが下がってしまうので、避けよう。

1日が前向きに
過ごせる

「朝30分」の好きなことで私が変わった!

毎朝30分、自分の好きなことに時間を使うと、驚くほど1日が充実!
寺巡り、ボクササイズ、勉強など、満足度120%の朝時間を過ごす
4人の朝習慣を大公開!

出勤前のお寺巡りでゆったりすると、心が整います

CASE 1

IT・企画
安澤 桂さん(37歳)

ネット通販向けのサービスを提供する会社で企画などを担当する安澤桂さんは、旅行でタイを訪れた際に人々が祈りを捧げる情景に魅せられたのをきっかけに、日本の寺巡りを始めた。

雨で出かけられない日が重なると、休日だけでは行ける回数も限られてしまう。そこで、平日の始業前に、東京のお寺に限定して訪れることにした。そんな理由で始めた朝の〝寺活〟だが、「朝のお寺は静かで、心身が浄化されるようで気持ちがいい」と、朝ならではの良さに開眼した。「約1時間、お寺でゆったりとした時間の流れを感じると、忙しい日々のリフレッシュになります。1日中パソコンの前に座っている仕事なので、朝、お寺を訪れることで、変化の少ない毎日にメリハリがつきました」。

「朝30分」だけでこれだけできる！

昼間とは違うお寺の表情に感動！気持ちの切り替えに

残業が続くと、家と会社との往復で1日中ビルの中ということも。「そんなときこそ、朝、お寺へ。境内の花や朝の空気に触れ、忘れていた季節感を取り戻して、元気になります」。

（上）日中は観光客がいっぱいの浅草寺《せんそうじ》（東京都台東区）も朝は静謐《せいひつ》。（中）東叡山寛永寺《とうえいざんかんえいじ》内の不忍池《しのばずのいけ》辯天堂《べんてんどう》（東京都台東区）。「蓮が7月上旬から8月中旬くらいまで咲きます」。（下）柴又帝釈天《しばまたたいしゃくてん》（東京都葛飾区）の境内では、「早朝ラジオ体操が行われていました」。

季節の花や集う人々…忘れがちな季節を満喫

お寺の境内は、都会でも自然を感じることができる場所。普段忘れがちな、四季の移り変わりを思い出させてくれる。「ラジオ体操をする人々など、集まる人たちの姿にも癒やされます」。

築地本願寺の朝のお勤めは、「晨朝勤行《じんじょうごんぎょう》」と呼ばれ、一般に公開。毎朝7時から45分程度行われている。

朝のお勤めに参加して敬虔な気持ちになる

5〜6時には開門するお寺が多い。「一般参拝者も、朝のお勤めに参加させていただけることが多いです。お経や声明《しょうみょう》を聞くと敬虔《けいけん》な気持ちになり、身が引き締まりますよ」。

ブログやインスタグラム用に写真を撮影する

参拝したお寺はインスタグラムやブログ用に写真撮影。「記事にするときに、お寺のことを調べるので、勉強にもなります」。

お寺で満喫！ 朝の時間割

5:30 起床

カーテンを少し開けて寝ることで、朝は太陽の光で気持ち良く目が覚める。

6:00 家を出る

7:00 お寺に到着

参拝

＼ 至福の朝TIME ／

7:30 お寺での時間満喫タイム

8:00 お寺を出る

8:15 近くのカフェで朝食

インスタグラム@terameguri365と、ブログ「寺めぐり365」を更新している。

9:00 カフェを出る

9:30 出社

朝時間有効活用のコツ

天気予報を前夜に確認

「朝日に照らされる境内はとても気持ちがいい。雲が少なく、天気が良い日を選んで参拝。雨の日は行かず、暑い日は遠出を控えます」

自宅と会社との間にあるお寺を本で調べておく

『訪ねてみたい東京のお寺』（インデックス）で、出勤前に訪れやすいお寺をチェック。「何か行事があるときを狙って行きます」。

朝の時間でこんなイイこと！

おいしいカフェの朝食でエネルギーチャージ

「朝からお寺を歩くと、とても疲れるのでカフェの朝食でパワーチャージ。朝から運動して、しっかり食事もして健康的です」。カフェでインスタへの投稿も。

＼ 話題の「築地本願寺カフェ Tsumugi」に行ってきた ／

築地本願寺の敷地内のカフェは朝8時から営業。朝食を目当てに、朝から行列ができることもあるほど人気。

朝食メニュー「18品の朝ごはん」（1944円・税込）は、8〜10時30分の大人気メニュー！ カフェの営業は8〜21時。

朝のボクシングフィットネスで不調も改善しました

CASE 2

iDA営業部
土田真矢さん（30歳）

ファッション・コスメ業界に特化した人材会社iDAの営業職、土田真矢さん。昨年から「体力の衰えを感じて」、週4回のペースでボクシングフィットネスに通い始めた。「もともと体を動かすことが好き。キツいトレーニングのおかげで腹筋が割れ、代謝が良くなり、冷え性や生理痛も改善！ 営業で1日中歩き回っても、むくみ知らずです」。ジム以外の日は自宅でヨガと瞑想を行う。「朝から体を動かすことでストレスを発散。毎日元気に働くために、朝イチの『動』と『静』のトレーニングが欠かせません」。

早起きのコツ

スマホのアラームを3分刻みにセットし、早起きを死守！

90分の睡眠サイクルを意識

「睡眠はなるべく6時間以上取り、90分サイクルを意識して、眠りが浅くなる時間帯にアラームをかけています」

ジムで運動！ 朝の時間割
（週4 ボクシングフィットネスの日）

- 5:30 起床
- 5:45 家を出る
- 6:40 ジムに到着後、準備

至福の朝 TIME

- 7:00 ボクシングフィットネス開始
- 7:45 終了後、身支度をして軽い朝食

プロテインを入れた豆乳が朝食代わり。

- 8:45 ジム退出、徒歩で職場へ
- 9:00 出社
- 9:30 始業

家で瞑想！ 朝の時間割
（週3 家ヨガの日）

- 6:00 起床

至福の朝 TIME

- 6:10 ヨガ（瞑想＋太陽礼拝のポーズ）

一点もののヨガパンツをはいて気分もアップ

- 6:40 白湯またはハーブティーを飲む

ヨガの後は、白湯かハーブティーで体を温める。

- 7:00 朝食

朝の献立の定番は、ヘルシーな発酵玄米の納豆ご飯。

- 8:00 身支度をして家を出る
- 9:00 出社
- 9:30 始業

朝の時間でこんなイイこと！

ストレスゼロ

好きな甘いものは朝イチで食べる

職場で甘いものを口に入れて、仕事モードにスイッチ。「体に良さそうな飲み物やチョコを選んでデスクに常備」。

集中力 UP

朝イチの瞑想で心が整う

ジムへ行かない日は毎朝10分間の瞑想を。「頭がすっきり爽快に。集中力が高まり、仕事もはかどります」。

出社後、デスクですぐに靴を脱ぎ足裏のコリをほぐす

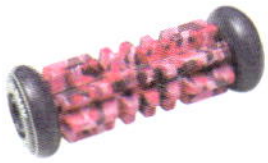

リラックス

出社後、デスクに座ると同時に靴を脱いで足裏をマッサージ。「インフィのフットローラーでむくみにくい」。

朝30分好きなことで変わった！

7cmヒールでしっかり歩けるように

ボクシングで体幹が鍛えられ、歩くときに重心がぶれなくなった。「ヒール靴で歩いても疲れにくいです」。

朝の片づけ習慣で「帰りたくなる」ストレスゼロの部屋に

CASE 3

ISO総合研究所 営業部
千葉めぐみさん（36歳）

以前はコンサルタントとして全国各地の客先へ赴き、起床時間もバラバラだったという千葉めぐみさん。部署異動で出社時間が一律になったのを機に、早起きと朝の片づけを習慣化した。「あれこれ片づけると収拾がつかなくなるので、『15分間でできる範囲』と決めています」。さらに、スキンケアをしながらの〝ながらストレッチ〟、通勤時にはポッドキャストを使った情報収集と、朝時間をフル活用。「早起きのおかげで体調面も整い、朝イチで情報収集していると、出社直後から仕事がサクサク進みます！」。

早起きのコツ

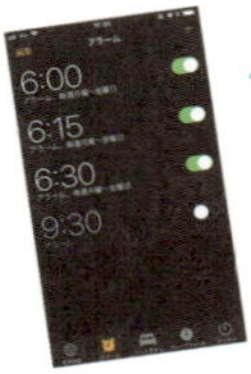

15分置きにアラームを設定。二度寝を阻止！

15分置きに
アラームを設定

アラーム＆スヌーズの合わせ技で寝坊を防ぐ。「早寝早起きのリズムが身に付いて、朝食を食べるようになりました」。

"ながら"で充実！ 朝の時間割

6:00 起床後、シャワー

6:30 スキンケアをしながらストレッチ

"ながら"だから、続けやすい。ストレッチが日課。

7:00 朝の片づけ、掃除

至福の朝TIME

履くだけで拭き掃除できるスリッパも活用。

7:15 メイクとヘアセットをしながらストレッチ

メイクの手を止めずに乗れるミニサイズのバランスボールを愛用。

7:45 朝食、身支度

8:20 家を出る

9:00 出社後、日報記入やスケジュール確認

始業までに前日の日報を記入してしまう。

9:30 始業

朝の時間でこんなイイこと！

頑張らずにきれいな部屋をキープできて、1日中気分がいい

朝30分好きなことで変わった！

以前は「部屋が荒れ、仕事もうまくいかなかった」。朝の片づけを習慣にしてからは、仕事もはかどるように。

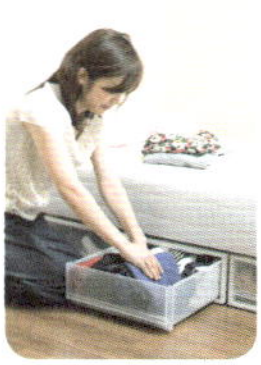

収納する

掃除機をかける

ベッドに片づけるモノを集める

通勤時にポッドキャストで仕事に役立つ情報を聴く

成長できる

「朝は学びの時間」と考えて、3年前からポッドキャストを視聴。「満員電車でもOK。1.5倍速で通勤中に聴き終えています」。

ニュース
NHKラジオニュースで社会情勢を確認。

営業
顧客対応の具体的なノウハウを学べる。

マーケティング
売れる商品とその理由が分かる。

バランスボール、枕、麺棒で体をほぐす

体がほぐれる

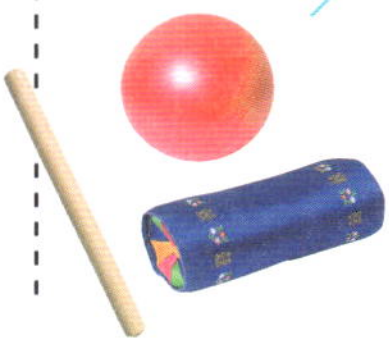

メイク中にバランスボールに乗ったり、麺棒で足裏をほぐしたりする。枕はストレッチポール代わりに使用。

大好きな「英語漬け」で未来の自分に投資できます

CASE 4

サービス・法律専門職
桑島麻巳子さん（26歳）

朝時間有効活用のコツ

夜、気になった英語表現をメモに書き枕元に

「夜、英語を読んでいて気になった表現はメモに書き、朝への“宿題”として枕元に置く。起きてすぐに調べることがあると、朝イチからモチベーションが上がります」

外資系の法律事務所で働く桑島麻巳子さんの朝は〝英語一色〟。朝食や身支度と同時にポッドキャストで英語のニュースを流し聞きし、英字新聞でニュースを読むなど、触れる情報すべてを英語にすることで〝密度の高い学び〟を実現している。

そんな桑島さんの〝朝英語〟の習慣は、5年前から。大学2年の終わりに、イギリスに留学したとき、英語が全く通じず悔しい思いをしたのをきっかけに、帰国後、朝時間を英語学習に充てることを決意した。朝1時間の勉強習慣を続けた結果、1年でTOEIC400点から980点に。大学卒業後、再度の留学を経て、外資系企業への就職も果たした。「海外で仕事をするのが目標。朝時間は、自分の未来へ投資できる貴重な時間です」。

英語を学ぶ！ 朝の時間割

5:45 起床してシャワーを浴びる

6:00 髪を乾かしながら、
ポッドキャストを聞くなど、
“ながら”勉強

勉強しながら髪を巻くなど、おしゃれも手を抜かない！

至福の朝 TIME

6:15 英語の勉強集中タイム

6:45 NHKのラジオ英会話を受講

7:00 朝食やメイクなど、
朝の支度をする

8:00 家を出る

8:40 職場に到着。
始業まで、英語学習の時間

通勤中は「TED」アプリで、あえて自分の専門外のプレゼンを視聴する。

9:00 始業

朝の時間でこんなイイことと！

英語学習と同時に最新ニュースもキャッチアップする

自信がつく！

① Podcast
② TED
④ The Japan Times
⑥ NHKラジオ らじるらじる
⑤ NHK WORLD RADIO JAPAN
時事問題をキャッチアップし、ニュースに頻出する単語や、新しい話題をチェックする。
⑦ NHKゴガク 語学講座
語彙力をつけて、よりネイティブスピーカーに近い言い回しを学ぶ。
③ The Wall Street Journal.
国内だけでなく、世界で注目されている話題を知る。
⑧ Duolingo
フランス語も勉強中！まずは単語をクイズ形式で楽しく学ぶ。

スマホの2ページ目に語学用アプリをまとめた。時間ができたら、すぐに2ページ目を開き、アプリを使って学習する。

⑨ LDOCE(InApp購入版)-ロングマン現代英英辞典
⑩ Weblio 英語辞書 英和／和英辞書・翻訳
⑪ Google 翻訳
知らない単語や気になる言い回しは辞書で確認。基本的には『ロングマン現代英英辞典』で英語のニュアンスを知る。

※アプリ名はApp Storeでの表記

読んで学ぶ

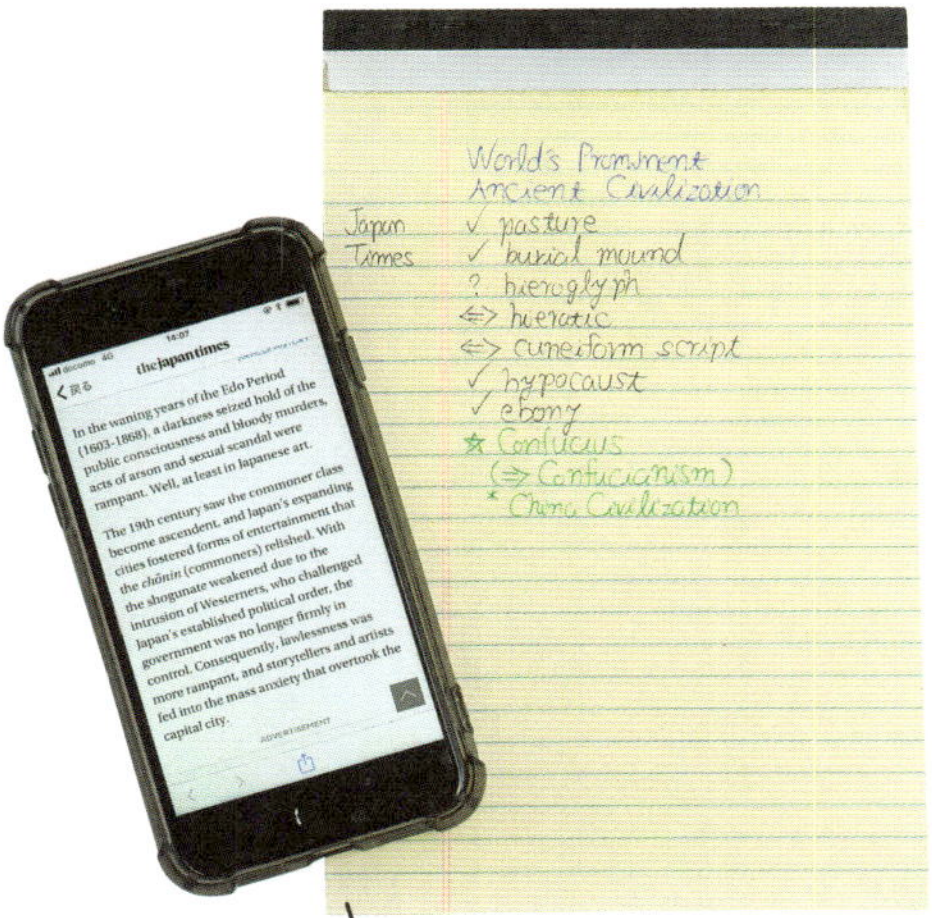

アプリでニュースを英語で読み“話題の言葉”をアップデート

英語でニュースを読むことで、普段使わない単語や表現に触れ、より実践的な語学力が身に付く。日本の新聞と内容を照らし合わせ、理解を深める工夫も。

日本語の新聞でニュースの概要を知る

読んでいるのは日経新聞。「時事英語には、難しい専門機関名などがどんどん入ってきますから、まず日本語で内容を把握」。

英語のニュースアプリで“日本のニュース”を読む

あらかじめ読んだ記事の内容が、英語のニュースでも理解できるかを確認する。「新しく知った単語や表現はメモします」。

聞いて学ぶ

聞き取れなかった言葉は戻って聞き直してメモ

一旦停止や巻き戻しができるのが、ポッドキャストのメリット。不明な箇所は、聞き直し、新しい言葉などはメモに残す。

髪を乾かす、食事する…“ながら”勉強中もメモを取る

スマホ、分からないことを書き留めるためのメモ帳、ペンの一式を書見台にセットし、身支度をしながら部屋中に持ち運び、“ながら学習”をする。

ポッドキャストでニュース番組などを聞く

BBCやNHKワールド JAPANなど、その日の気分に応じて、ニュース番組をセレクトする。

ながら勉強の秘密兵器！

勉強道具を立てておける書見台

勉強道具をまとめ、家中に運べる書見台。両手が空くので、ながら勉強に最適。

思い出して学ぶ

学生時代に愛用した単語集で単語の使い方の知識を深める

「昔は単語を覚えるために使っていた単語集。すでに知っている単語ですが、今は、各単語に付いている例文を学習。どんな表現で使うかを確認し、より自然に使えるように心がけます」

『TOEFLテスト英単語3800』（旺文社）など、学生時代に使った参考書を今も活用。

見て学ぶ

無料のフレーズ集で自分の英語力を確認する

NHKの語学番組で使われたフレーズを使ったテストが掲載されている「ゴガクル」から、視聴しているプログラムのフレーズ集をプリントアウト。「パッと見て理解できればOK。知らなかった言い回しは抜き出してメモ」。

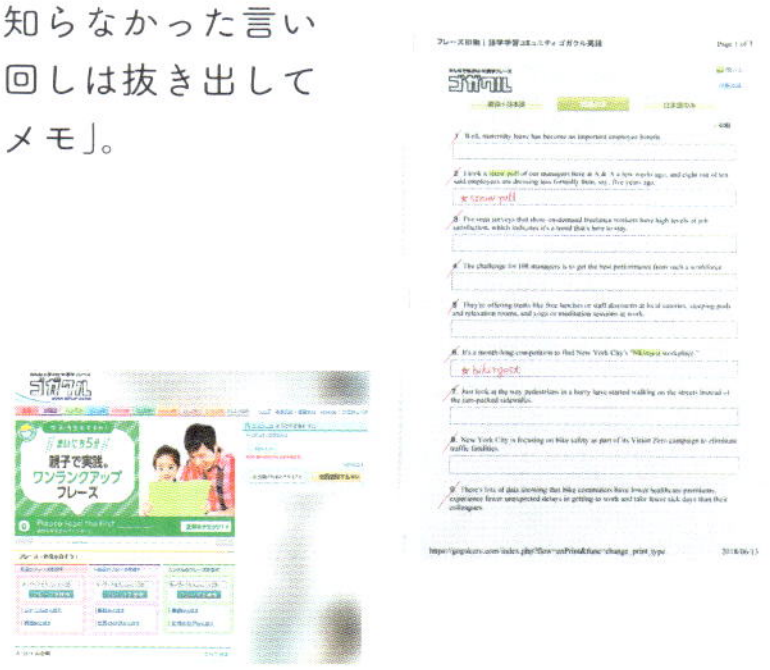

8:40 気になる言葉&フレーズを始業前にノートにまとめる

メモした単語や表現は、出社後、始業までの時間でノートにまとめる。

黒 メモに取った気になる単語やフレーズを書き写す。

青 調べた単語やフレーズの使い方、ニュアンスを、英語で解説。

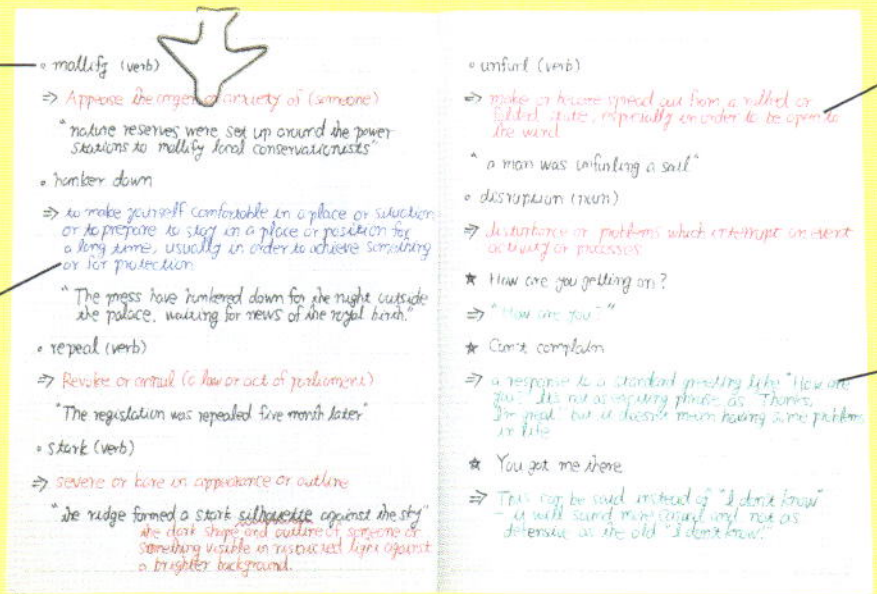

赤 重要だと感じた単語、フレーズの意味やニュアンスを、英語で記載。

緑 実践的に使えるフレーズなどの説明。「ネイティブスピーカーのように話したいので」。

分からない単語も朝時間には流し読み。後でまとめてノートで学ぶ

「英語を読んだり聞いたりしながら書くのは備忘録。後から英英辞典などで調べながらノートにまとめ、そちらを何度も見返します」

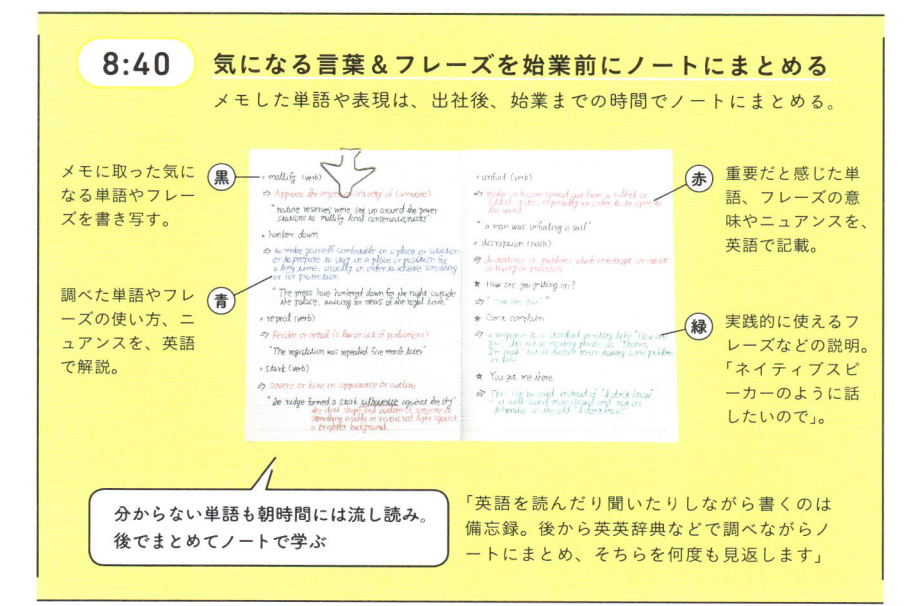

朝が苦手…は
思い込み
だった!?

すっきり起きるために やってはいけない 夜習慣 11

朝型生活を始めようとする人に、ぜひ知っておいてもらいたいのが睡眠の大切さ。朝スッキリ起きられないのは、寝る前の行動が眠りを悪化させているからかも。あなたは大丈夫？

朝からフル回転で活動するために大切なのが睡眠。睡眠には、脳の疲労回復と記憶の整理、体の疲労回復、傷ついた細胞の修復、という大きな役割がある。「良い睡眠には量、質、規則正しい起床・就寝リズムの確保が必要ですが、とりわけ現代人に足りないのが睡眠量。睡眠不足が続くと眠気や疲労を感じにくくなり、自分で気づかないうちに仕事でミスしたり、仕事がはかどらなくなったりします」と、青山・表参道睡眠ストレスクリニック院長の中村真樹さん。「忙しい人も、〝寝たら損〟ではなく、眠るのも大切な仕事と考えて」。

この人に聞きました

青山・表参道
睡眠ストレスクリニック院長
日本睡眠学会専門医
中村真樹さん

東北大学医学部卒業。睡眠総合ケアクリニック代々木院長などを経て、2017年に現クリニックを開業。睡眠障害全般と、ストレスや寝不足が原因となるうつ状態やパニック障害などを治療する。

良い睡眠の3つの条件

量
十分な睡眠時間

質
安定した眠り

タイミング
規則正しさ

良い眠りには、「量」「質」「タイミング」が適切であることが必要。どれが欠けても、脳や体を十分にリフレッシュできない。なかでも重要なのが「量」。量の不足は質で補えないので注意を。

✕ やってはいけない夜習慣

1

ソファで寝落ち。深夜に目覚め、身支度や家事をして寝る

細切れの睡眠では、細胞がきちんと修復されず、疲れも取れない

〇 正解は…

疲れたときこそ、最初からベッドできちんと寝る

睡眠中の細胞の修復は、時間を追って順に行われ、睡眠が短いと修復は途中で終わる。二度寝では再び最初から修復が始まるので、修復は不完全に終わり、疲れが取れなかったりする。

✕ やってはいけない夜習慣

2

夕食抜きで遅くまで仕事を頑張り、帰宅後にようやく食べる

夜遅い時間に食べると、胃腸に負担がかかる。睡眠が浅くなり、体内時計にも悪影響

〇 正解は…

仕事が遅くなるなら夕方におにぎりなどを食べ、帰宅後はサラダなどで軽く

寝る前にたくさん食べると眠りが浅くなり、睡眠の質を落とす上、体内時計が遅れて夜型になりやすく、睡眠の量を確保しにくい。夕食が遅くなるなら2回に分け、寝る前は軽いものだけに。

✕ やってはいけない夜習慣

3

帰宅途中のコンビニでの立ち読みが日課

コンビニの明るい光の刺激は、睡眠ホルモンを出にくくし、眠りにくくなる

〇 正解は…

夜にコンビニに行く場合は、5分以内でさっと買って出るように

夜の明るい光は睡眠ホルモン「メラトニン」が出るのを抑えるため、眠気を感じにくくなり、夜更かしの原因に。帰宅途中のコンビニでは必要なものをさっと買い、長居せずに出よう。

やってはいけない夜習慣

4

ベッドでSNSなどをスマホでチェックするのが息抜き

スマホチェックに夢中になると、頭がさえて眠りづらくなる。光も悪影響を及ぼす

正解は…

ベッドに入ったら

スマホにも睡眠を

スマホでのSNSチェックやネットサーフィンは、ついついのめり込んで脳が興奮状態になりやすい。画面からの強い光も眠りを妨げる原因。「布団の中にはスマホを持ち込まないで」。

やってはいけない夜習慣

5

帰りの電車で疲れてぐっすり爆睡

夕方以降の20分以上のうたた寝で、眠気を感じにくくなり、夜更かしのもとに

正解は…

帰りの電車のうたた寝は

5〜10分にとどめ、

夜にまとまった睡眠を確保

「帰宅時に20分以上眠ると、夜になっても眠くならず、夜更かしの原因に。さらに翌日のうたた寝を招いて悪循環になる」。なお、朝のうたた寝なら、睡眠不足の解消に役立つのでOK。

✕ やってはいけない夜習慣

6

いろいろ気になり寝つけないときはお酒の力を借りる

寝つきは良くなるけれど、アルコールの影響で眠りが浅くなり、睡眠中の内臓の修復も不十分に

○ 正解は…

「眠るためのお酒」はNG。

睡眠の質を保つには、20時頃までに適量を

浅い眠りと深い眠りを繰り返すのが睡眠本来のリズムだが、アルコールが体内に残った状態では、この眠りのリズムが不安定になり、睡眠の質が低下。また、肝臓の修復も不十分に。

✕ やってはいけない夜習慣

7

会社帰りに遅くまでやっているジムでがっつり筋トレ

激しい運動で交感神経の働きが活発になり、体温が上がって寝つきが悪くなる

○ 正解は…

運動は就寝の1〜2時間以上前までに、

軽く汗ばむ程度の軽いものを

筋トレなどの激しい運動は、就寝時間の3〜4時間前までに終わらせる。寝る1~2時間前に行うなら、ヨガやストレッチなど、心拍数が上がらず、軽く汗ばむ程度のリラックスできる運動を。

✕ やってはいけない夜習慣

8

どんなに遅く帰っても、疲れを取るためにお風呂に入る

睡眠時間が減る上に、体温が上がりすぎると、すぐには寝つきにくくなる

○ 正解は…

帰宅が遅い日はシャワーでOKと割り切り、睡眠時間の確保を優先する

眠気は、体温が下がり始めたときに起こる。熱い風呂で体温が上がりすぎると、なかなか下がらず寝つきにくい。ぬるめのシャワーで手早く済ませて、睡眠時間を増やそう。

✕ やってはいけない夜習慣

9

休日の前は
ついつい夜更かしする

週末に体内時計が大きくずれる“時差ボケ状態”になり、月曜から体がぐったり

〇 正解は…

平日より2時間以上寝坊しないように、休みの前日は夜更かししない

せっかく平日に規則正しい睡眠リズムを維持しても、休日の夜更かしや寝坊でいつものリズムより2時間以上遅れると、体内時計は“時差ボケ状態”に。すると週の前半は眠気で効率ダウン。

✕ やってはいけない夜習慣

10

こだわりの寝具で
睡眠の質を上げ、
短時間睡眠で乗り切る

慢性的な睡眠不足は、お酒に酔うのと同じくらい、ミスしやすい状態を引き起こす

〇 正解は…

眠るのも仕事のうち。7〜9時間の睡眠時間を確保する

いくら睡眠の質を上げても、睡眠量が足りなければ心身の疲労は回復しない。「睡眠不足は著しく日中のパフォーマンスを低下させるので、忙しいときこそよく眠ることが大切です」。

✕ やってはいけない夜習慣

11

夕方以降も
コーヒーを飲む

コーヒーや紅茶などに含まれるカフェインは、脳を興奮させ、眠りづらくなる

〇 正解は…

眠りを妨げないためには、コーヒーは16時以降は控える

「カフェインの効果は摂取後8時間以上残るという報告もあり、夕方以降のカフェインは控えたい。一方、15分程度の昼寝をする際には昼寝前にコーヒーを飲むと、寝覚めが良くなります」

CHAPTER

2

• STUDY TIME •

忙しくても無理なく勉強が続く人の

学び・自分磨き 編

仕事に全力投球することも大事ですが、一日中仕事をして帰ったらぐったり眠るだけ、そんな生活はもう終わり！　出勤前や通勤中、終業後の時間を上手にやりくりして、自分磨きや勉強を始めてみましょう。得意分野をさらに極めたり、資格の取得に挑戦したりすることで、あなたの可能性が広がります。

ほぼ毎日
勉強している！

勉強“熱中女子”の 24時間 実況中継

近ごろ、「趣味は勉強！」という人が増えています。
仕事に家事に忙しい日々のなか、どのように学んでいるの？
勉強“熱中女子”の24時間をのぞいてみました。

朝カフェや入浴時間も勉強タイムに！

松尾明莉《めいり》さん（27歳）
出版雑貨メーカー・商品企画
ひとり暮らし

英語と簿記を勉強中です

息抜きは、
食べログ3.5以上の旅

CASE 1

いろは出版でパーティー雑貨などを企画する松尾明莉さん。マネジャー職になり、商品の仕入れといった海外とのやり取りや、PL（損益計算書）などを読む機会が増えた。そこで始めたのが、TOEICと簿記の勉強だ。朝のカフェタイムや入浴時間、時にはお酒を飲みながらなど、日常に勉強時間を取り込む。さらに、勉強好きが高じて自分が使ってみたい勉強グッズまで企画。「勉強のために何かを諦めるのではなく、仕事やプライベートに勉強をうまく組み込んで丸ごと楽しんでいます」。

リラックスしながら学ぶ！

松尾さんの24時間

6:00 起床、身支度

7:00 勉強

8:15 通勤、勉強

9:00 始業

12:00 昼食

朝食は食べず、お腹がすいたらチョコレートで空腹を満たす。

カフェで集中勉 **75分**

朝カフェで音楽を聴きながら簿記の勉強

家の近所のカフェで簿記の問題集を解く。アップテンポの邦楽などを聴きながら、テンションを上げて勉強するのが習慣に。

通勤しながら勉 **30分**

通勤中は英単語をチェック

ホームで電車を待つ時間や満員電車内でも、立ったまま英単語を書いた単語帳を読み返す。

MY勉強グッズ

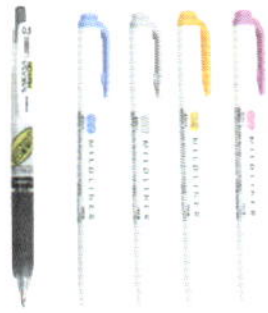

大好きなピンクで気分を上げる

文具はやる気が高まるピンクでそろえる。ロルバーンのノート、自身が企画した勉強グッズ「&STUDIUM」の単語帳、蛍光ペン「マイルドライナー」を愛用。

24:00	23:30	23:00	22:30	20:00	19:30
就寝	入浴、勉強	帰宅	移動	勉強、夕食	退社、勉強

入浴タイムはスキル本を読む

入浴しながらキンドルでビジネス本を読み、スキルアップにつなげる。本は「読書管理ビブリア」というアプリに記録し、読んだ本を一目で分かるようにする。

入浴しながら勉 **15**分

移動しながら勉 **30**分

退社後、地下鉄に乗ったら、朝と同様に、大事なポイントや間違えた内容を書いた、単語帳やノートを見ながら復習する。

休日は？

“勉強デート”で一石二鳥

お互いに仕事が忙しい彼氏と一緒に勉強しながら、“カフェデート”することも。共に頑張る時間が心地いいという。また、韓国や沖縄などへの週末弾丸旅行が好きで、そこでのリフレッシュが、勉強や仕事に取り組む力になるとか。

飲みながら勉 **90**分

カフェバーでゆるりと勉強

カフェバーでハイボールを飲み、軽食をつまみながら、英語や簿記を勉強する日もある。「根を詰めずに、息抜きしながら勉強する時間も、私にとっては大事です」。

習慣化するコツは？

スタディプランナーで勉強の進捗を日々記録

勉強の進捗管理は自身が企画した手帳「スタディプランナー」を利用。勉強のタスクと成果を1日1ページに書き込んで"見える化"し、予定を立てやすくする。TO DOリストや目標、日々の感想を書き込む欄もある。

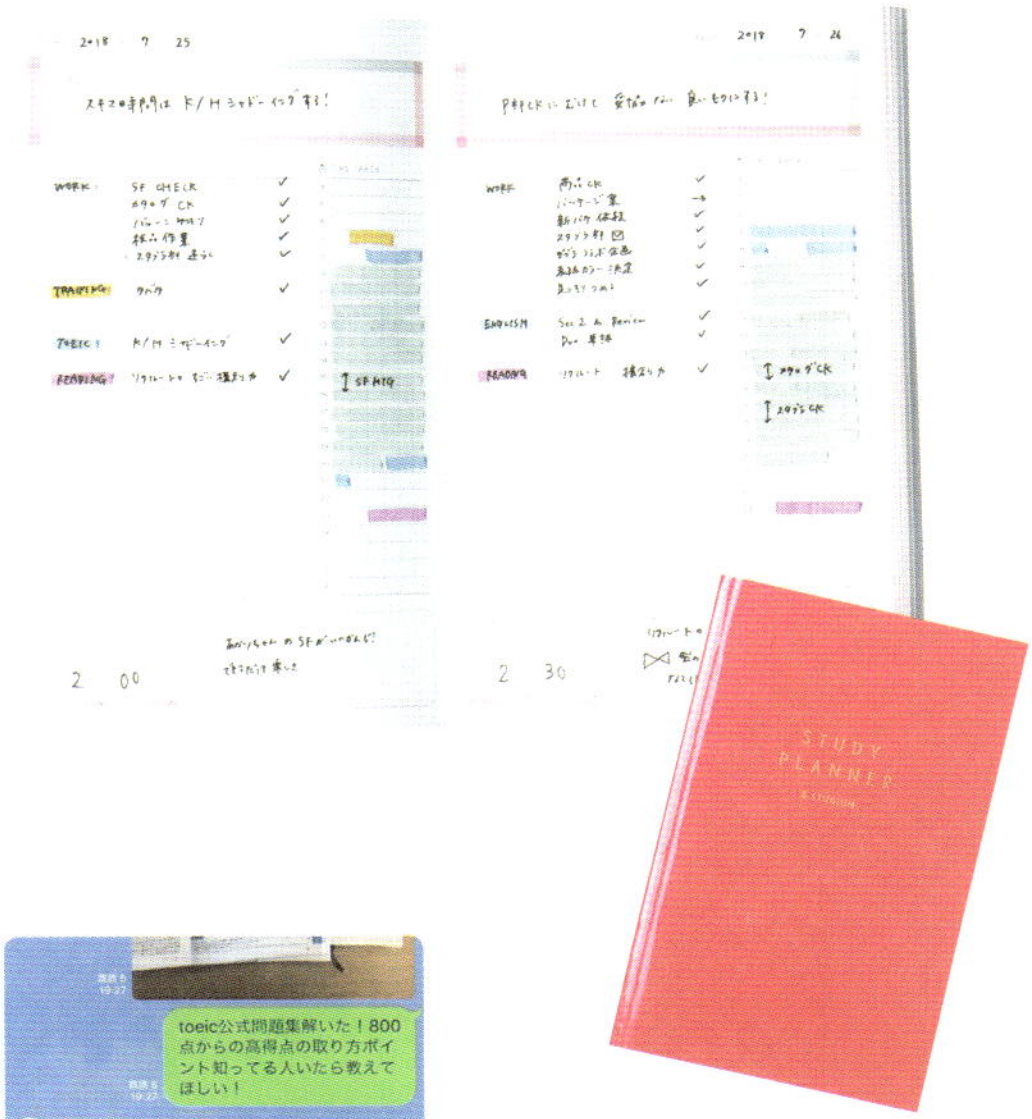

やる気キープのコツは？

LINEグループを利用して褒め合う

友人8人でLINEグループ「語学・独学部」を作成。勉強の経過を報告し、「えらい!」と一言メッセージで褒め合う。

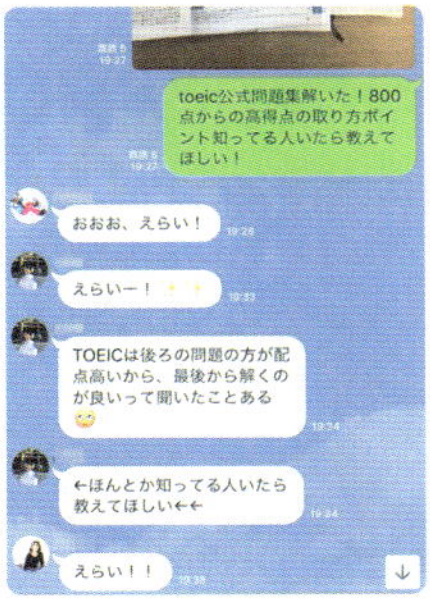

勉強の"先"の夢は？

新規事業を立ち上げる

新規ブランドの立ち上げを目指し、自分に足りない能力や知識は勉強や読書で補う。「ひとり身で時間がある今だからこそ、そうした勉強時間への投資は惜しみません」。

CASE 2

図書館や中古の参考書で節約しながら勉強！

朝《あさ》来《く》野《の》希《のぞ》美《み》さん（36歳）

アパレル・SE

ひとり暮らし

英語を勉強中です

息抜きは、**料理**

転職して業務の幅が広がったSEの朝来野希美さん。知識を深めるためIT系の勉強会に参加したところ、若者のITレベルの高さに驚き、多くの資格取得を目標に勉強し始めた。期間を2年と決め、大好きなお酒を断ち、勉強に集中。貯蓄には手をつけず、無料で使える図書館に通い、参考書は中古で購入。週末に1週間分のごはんを作り置きし、時間とお金を捻出する。そのかいあって、1年半で12の資格を取得。「今はTOEICのほか、健康やお金など、将来に必要な知識も学んでいます」。

お金をかけずに学ぶ！

朝来野さんの24時間

5:30 起床、朝食、身支度、勉強

7:30 通勤、勉強

8:00 始業

12:00 昼食

19:00 退社

朝食は週末に作り置きしているので、毎朝の調理時間を節約できる。

通勤しながら勉 **30**分

1.4倍速で聞いて耳を慣らす

事前にTOEICの音源をスマホにダウンロードし、音源を聞きながら通勤。1.4倍速で聴いて耳を慣らす。

朝食と同様、作り置きのおかずを詰めたお弁当を食べる。眠気を抑えるため、おにぎりは小さめ。

MY勉強グッズ

参考書はブックカバーで売れる状態をキープ

マイメロディのノートを愛用。ノートは教科ごとに替え、「IT」「FP」といった科目名のアルファベットシールを表紙に貼る。「参考書は中古で買い、きれいに使って、一通り学んだら売ります」。

身支度しながら勉 **75**分

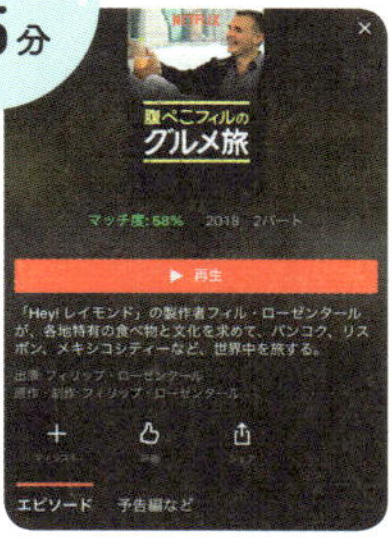

身支度をしながら海外動画を見る

メイクや着替えをしながら、スマホで「NHK WORLD」や海外ドラマなどを見つつ、英語を耳に慣らす。ネットフリックスのドキュメンタリードラマ『腹ぺこフィルのグルメ旅』がお気に入りだという。

19:30
勉強（またはエンジニア向けの勉強会に参加）

21:30
移動

22:00
帰宅、夕食、入浴

23:00
勉強

23:30
就寝

図書館で集中勉 **120**分

仕事を終えたら図書館へ直行

TOEICの問題を解く。カフェよりも図書館の個室ブースが最も勉強に集中できるという。

2017年参加したものリスト

IT勉強会の情報をチェック

電車内では、IT勉強会の開催情報をネットでチェック。参加したい勉強会はリスト化。

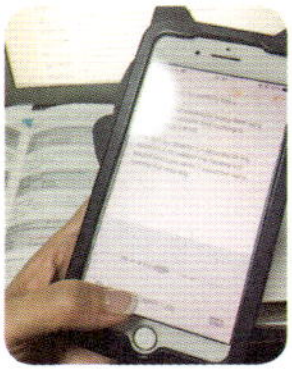

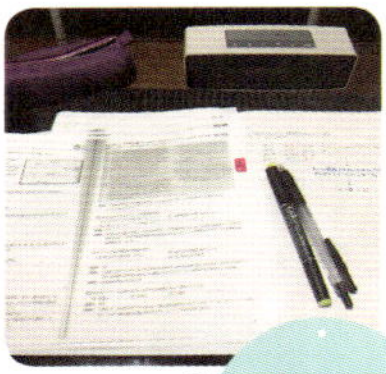

1日の振り返り勉 **15**分

発音チェック＆1日の振り返り

就寝前、スマホの音声入力機能を利用して、自分の発音が正しく文字に表示されるかをチェック。また、その日の学習内容で分からなかった点や苦手な点を洗い出し、改善策と翌日の勉強内容を考える。

休日は？

図書館にこもり7時間集中する

IT勉強会がない休日は、勉強集中日。お弁当を持って、朝11時頃から図書館に入り、18時頃まで個室ブースで勉強する。TOEICなどの試験問題を集中して解くことが多いという。「家よりも集中でき、夏場は冷房代も浮きます」。

多くの資格を取得するコツは？

似ている資格を同時期に勉強する

「食生活アドバイザー」「リンパケア検定」など、試験日が近く、「なるべく似ている科目を組み合わせて、試験1カ月半ぐらい前から集中して勉強します」。

朝来野さんが約1年半で取得した資格

2017年2月	ウェブ解析士、MOS Master、ビジネス統計スペシャリスト
2017年9月	統計検定3級
2017年11月	ITパスポート、ビジネス数学検定
2018年3月	情報セキュリティマネジメント、.com Master BASIC、.com Master BASIC ADVANCE、FP3級
2018年6月	食生活アドバイザー3級、リンパケア検定2級

時間捻出のコツは？

毎日の小さなムダ時間を徹底カット

晩酌や飲み会の参加をやめたほか、ダイソンのドライヤーを買って髪を乾かす時間を3分の1に短縮。Yahoo!のアプリを消去し、ネットサーフィンもやめた。

勉強の“先”の夢は？

100歳まで健康で長く楽しく働く

82歳まで看護師として働いた祖母を尊敬する朝来野さんは、自分も健康で長く働きたいという。「定年後、スタートアップで働く若者のサポートがしたいです」。

CASE 3

ムダな道具や時間を削減して、子育てと勉強を両立！

中村美沙子さん（36歳）
IT・SE
夫と息子と3人暮らし

英語を勉強中です

息抜きは、
手帳を書くこと

SEとして働く中村美沙子さんは、30歳の頃に勉強熱が高まり、会社が推奨する情報処理の資格を数年かけてすべて取得。今度は自分が本当に学びたいものを勉強しようと、苦手だった英語に挑むことにした。物を極力持たないシンプルライフを実践中の中村さんは、テキストをEvernoteに取り込み、スマホだけで勉強するなど、ムダを徹底排除。勉強時間を捻出するため、朝食のメニューを固定するなどして、〝悩む時間〟も削減した。「物も時間もスパッと手放せば、仕事も子育ても勉強もうまく回ります」。

短時間で集中して学ぶ！

中村さんの24時間

5:00	5:30	6:00	6:25	7:00	8:00
起床	勉強（予習）	勉強	家事	朝食、身支度	通勤、勉強

オンラインで集中勉 55分

朝は予習からスタート

オンライン英会話（DMM英会話）の前に30分予習。教材を見ながら不明点を事前に調べておく。

朝食は固定メニューにし、迷う時間を削減。「ゆで卵は、時間のあるときに作り置きしています」。

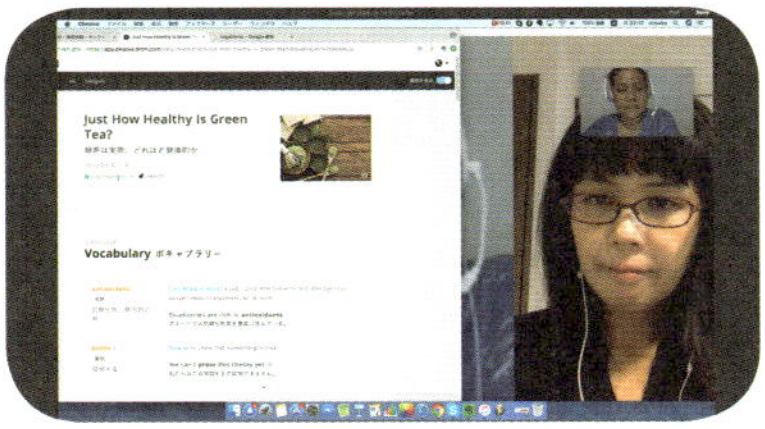

さまざまな国の先生と会話する

予習を生かしながら、約25分間、スカイプを通して先生と話す。

1カ月5980円で毎日受講

英会話アプリ 0円

通勤しながら勉 30分

英会話アプリを聴く

通勤中はPodcastで「NHK WORLD RADIO JAPAN」か「Hapa英会話 with ジュン先生」を聴き、英語を耳に慣らす。「『NHK WORLD RADIO JAPAN』は日本のニュースなので、単語の意味が分からなくても文脈が想像できます」。

8:30 始業

12:00 昼食、勉強

18:00 退社、勉強

19:00 帰宅、夕食、家事、入浴

21:00 ツイッターを更新し、SNSをチェック

22:00 就寝

昼食後に集中勉

30分

ランチ後はカフェなどで30分ほど、Evernoteに取り込んであるテキストを見ながら問題を解く。

移動しながら勉

30分

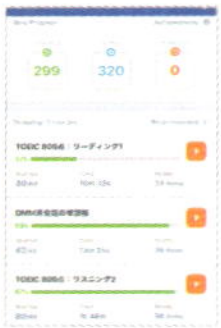

アプリで英単語を覚える

電車内では英語のポッドキャストを聞いたり、「iKnow!」アプリで英単語を覚えたり。

毎日時間をかけて書いていたブログをやめ、代わりに1日の勉強内容をツイッターに打ち込み、備忘録替わりに利用する。

休日は？

カフェでTOEICを模試形式で解く

3時間ほど家の近くのカフェに行き、実際の試験と同じ時間でTOEICの問題を解く。勉強中や仕事中の人も多く、家で勉強するより集中しやすいという。「机の上で学んだ文法などを、朝のオンライン英会話ですぐ実践しています」。

MY勉強グッズ

ノートは1冊にまとめペンは1本にする

単語も文法の勉強もすべて1冊のノートにまとめる。使用するペンも1本だけ。「ボールペンの芯はJETSTREAMに差しかえています」。

時間捻出のコツは？

服や弁当作りを断捨離

勉強時間を確保するため、通勤服を断捨離して同系色の服でそろえ、毎朝の選ぶ時間を短縮。毎日のお弁当作りやブログの更新もやめた。また、2週間に1度掃除サービスを利用し、窓拭きなどの時間を減らした。

やる気キープのコツは？

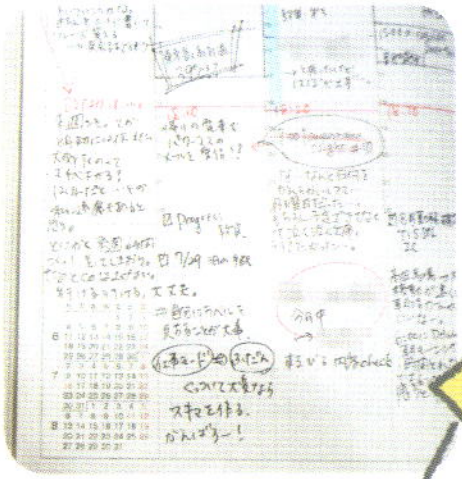

週末、手帳に思いを書き出す

週末の夜、手帳を開いて1週間を振り返りながら、仕事や勉強でやらなければいけないことなどを書く。また、自分を励ます言葉などを書き込んで、モチベーションを上げる。「この時間が落ち着くんです」。

勉強の"先"の夢は？

外国人ときちんと会話すること

当面の目標は、TOEICで800点以上を取ること。海外旅行先で英語が通じなかった苦い思い出をリベンジするため、「次回の海外旅行では、外国人ときちんと会話できる英語力を目指しています!」。

16万人の脳画像を見てきた脳医学者がズバリ答える

脳のパフォーマンスを最大限高める大人の正しい勉強法

「脳は受けた刺激に対して変化し続ける性質がある」と脳医学者も力説。
大人の脳の性質を踏まえて勉強法を工夫すれば、何歳からでも
新しいことを学び、身に付けることは十分に可能だそう！

脳のしくみ

前頭前野

ストレスで萎縮し思考力低下も

前頭葉の一部で、記憶、学習、感情などを司る脳内ネットワークの司令塔。ストレスを受け続けると萎縮し、思考力、記憶力、判断力が低下することも。

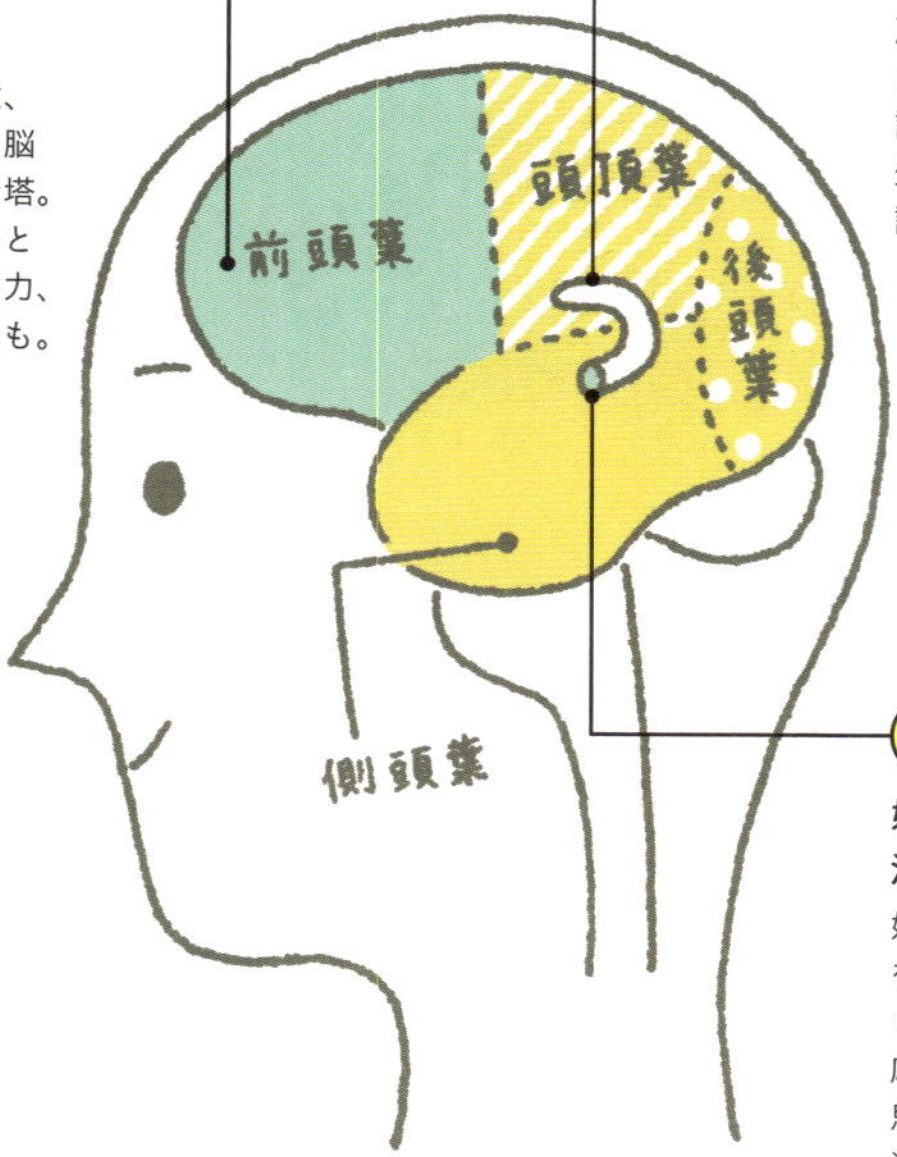

海馬

記憶を一時的に保管。ストレスで縮む

学んだ情報の短期保管場所。必要な情報がここから大脳皮質に移り、長期記憶に。ストレスの多い生活は海馬を萎縮させ、記憶力が衰えることも。

扁桃体

好き・嫌いを判断し海馬の記憶力を左右

好き・嫌いといった感情を司る神経群。海馬の近くに位置し、扁桃体の反応が海馬に作用。嫌だと思いながら勉強すると、海馬の活動が抑えられる。

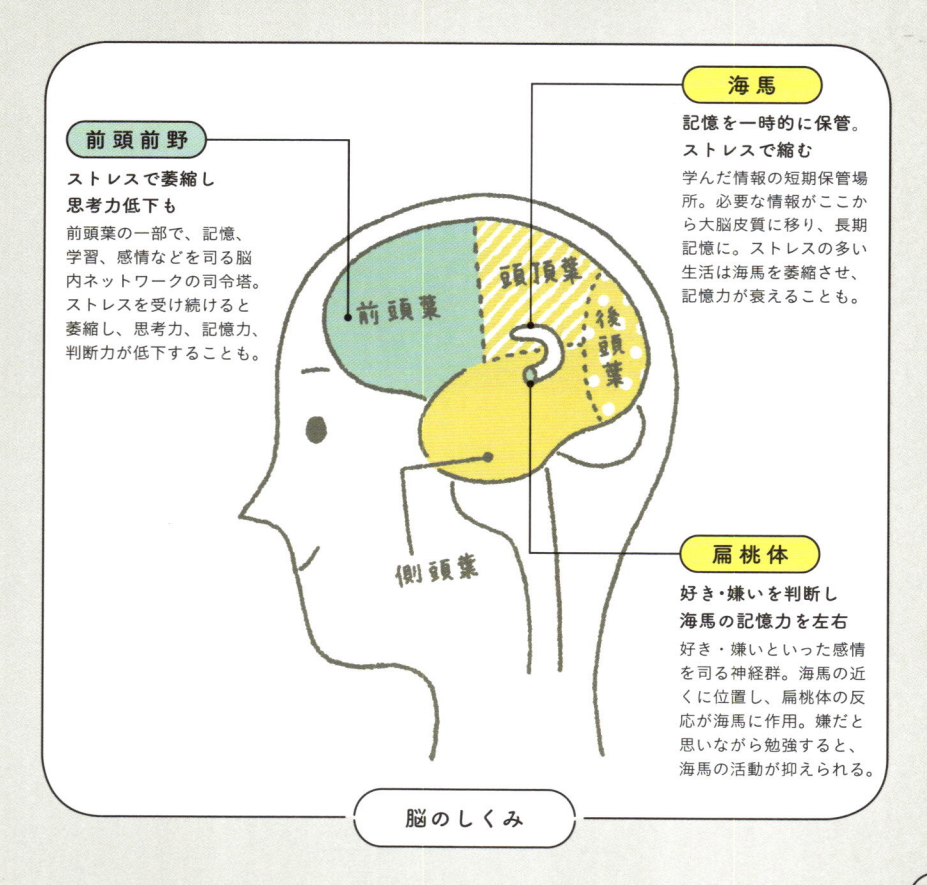

脳には「可塑性《かそせい》」があり、たとえ80～90代でも新しい能力を獲得できる！

脳には自ら変化し続ける「可塑性」という性質がある。変化は年々緩やかになるが、性質自体は失われず、学び続ければ何歳でも新しい知識を習得できる。また、ある能力が伸びると他の能力も伸びる「汎化《はんか》」という性質もあり、1つの能力を徹底的に磨くことで新たな得意分野も開ける。

「好き」「楽しい」と思えるか否かで、脳のパフォーマンスが変わる！

脳のパフォーマンスは、感情によって左右される側面がある。「嫌いな勉強」と感じるとストレスホルモンが分泌され、記憶を司る海馬や前頭前野が萎縮する一方、「好きな勉強」と感じると、感情を司る扁桃体と海馬との神経細胞のつながりが増し、記憶はより定着しやすくなる。

＼ この人に聞きました ／

東北大学　加齢医学研究所教授
瀧 靖之さん

脳のMRI画像を用いて、脳の発達や加齢のメカニズムを解析する脳医学者。最新の知見を基に、脳を生涯健康に若々しく保つ生活習慣を提案する。著書に『「脳を本気」にさせる究極の勉強法』（文響社）、『生涯健康脳』（ソレイユ出版）など。

瀧靖之さんは、膨大な脳のMRI画像から、脳の発達の仕組みを解明する脳医学者。世に出回る勉強法には個人の経験則によるものも少なくないが、16万人もの脳画像を見てきた立場から瀧さんが説くのは、「脳の性質上、妥当といえる」勉強法だ。

瀧さんがまず強調するのは、大人の脳も子供の脳と同様、成長すること。「新しいことを学ぶと、脳に情報伝達の回路ができる。その速度は大人になると緩やかになりますが、勉強を続ける限り回路は確実に増え、新たな能力を身に付けられます」。

その際、「好き・楽しい」と感じつつ学ぶことが大切と言う。精神論ではなく、感情が記憶の定着に影響するためだ。「嫌だという気持ちがあるとストレスホルモンが分泌され、記憶を司《つかさど》る海馬や前頭前野の脳細胞が萎縮。反対に、好きだと思うとストレスが減り、脳は本来の機能を伸び伸びと発揮する。また、海馬の近くに位置して感情を司る扁桃体《へんとうたい》が、海馬の脳細胞に影響を与え、記憶の定着を強めます」。

ストレスのない勉強が脳の力を引き出す鍵

さらに、知的好奇心が強いほど、情報の記憶・操作と高次認知機能を担う側頭頭頂部が萎縮しにくい。「勉強を苦行ではなく夢をかなえるツールと捉えて、ワクワクしながらストレスなく学び続けることで、脳のポテンシャルは最大限引き出されます」。

「いつ」勉強したらいい？

読解や論述は朝に、暗記は寝る直前に、が効果的

海馬の記憶は睡眠時間に整理され、定着する

勉強内容は時間帯に合わせて変えるのが賢いやり方。睡眠には脳の疲労を取り除く働きがあるため、朝は思考回路がクリアで、脳もしっかり働きやすい。「そのため論述や長文読解など、論理的思考力が必要な勉強は朝するのがベストです」。夜に適しているのは暗記学習。「海馬はその日入力された情報を睡眠中に整理し、保存する。暗記した後にすぐ眠ると、より記憶として定着しやすくなります」。

覚えたら即寝るべし！スマホを見ていると「記憶の攪乱《かくらん》」が起こる

せっかく暗記しても、寝るまでの間に何か他の情報が入ると、記憶が入り混じる「攪乱」が起きてしまい、覚えたことが脳に定着しにくい。勉強したらスマホは見ず、すぐ寝るのが鉄則。

「どうやって」勉強したらいい？

まずは薄い参考書で、学習の全体像を把握する

立ち位置を把握しつつ進み、脳のストレスを減らす

脳の力を引き出す肝は、脳にストレスをかけないこと。いつ学び終わるか予測できない分厚い参考書でいきなり勉強するのは、森をさまようようなもの。まずは地図代わりに薄い参考書を使い、学習内容の全体像を大づかみしよう。「『どこまで学んだか』を常に把握できると、脳はストレスを感じにくい」。

授業の前にはざっと「5分間予習」をする

脳は「知っている」ことを好ましく思う性質がある

講座やセミナーに予備知識ゼロで臨むのは、学習効率が悪い。脳には知っていることを好ましく思う「ファミリアリティ（親しみ）」という性質があるため、「重要用語などに事前に目を通すと、授業中、脳はそれを『すでに知っている→好き』と感じる。その結果、学んだ内容が脳に、より定着する」。

「まね」を取り入れて、習得スピードを上げる

ミラーニューロンを生かした効率的な脳の使い方

脳には、何かを模倣することを助ける「ミラーニューロン」と呼ばれる神経細胞がある。まねが得意な脳の性質を生かして、習得速度を上げることも可能。「例えば語学なら、聞いた音を即座に追いかけて復唱するシャドーイングを取り入れない手はない。脳が複合的に鍛えられ、脳全体の働きも高まる」。

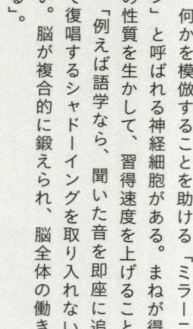

「どこ」で勉強したらいい?

「特別な場所」より、「普段よくいる部屋」がベスト

脳が嫌う、"変化"を最小限にする

人の体には本能的に、変化を嫌い、常に同じ状態であろうとする性質がある。いざ勉強を始めようとするとおっくうに感じるのは、この性質のせい。勉強を始めることへの脳のハードルを下げるには、変化を最小限に抑えるのが得策。「カフェや図書館にわざわざ行くより、自宅のいつもいる部屋で勉強したほうがいい。すぐ取りかかれるよう、勉強道具をテーブルの上などに出したままにしておくのも手」。

トイレや洗面所など毎日"必ず使う"空間も利用しよう

トイレや洗面所などの「いつもの場所」に行くことを、脳は面倒とは考えない。トイレや洗面所の壁に英単語表を張るなどして、脳がストレスを感じない勉強空間にしてしまおう。

やみくもに暗記するより、「つながり」で記憶する

「機械的暗記」より"省エネ"な記憶法

10代半ばまでは情報を丸暗記する「機械的暗記」が得意だが、それ以降は、語呂合わせやイラストでイメージを結びつけるなどする、「連合記憶」という記憶法が適している。「連合記憶は、すでに脳内にある記憶に結びつけて脳全体を働かせて覚えるので、エネルギー効率のいい、大人の脳に向いた記憶法」。

暗記は3日連続で反復し、1カ月後に再度見直す

脳内の"道路"は、繰り返し使うことで強固になる

学ぶことで脳につくられる情報伝達の回路は、いわば道路。「よく使うものは効率良く思い出せる『高速道』となり、使わないものは壊される」。物事を記憶するには、同じ情報を繰り返し学ぶほかない。効率的な暗記方法は、「3日連続復習して回路を強め、1カ月後におさらいして回路をさらに強める方法」。

ニュースやドラマのぼーっと聞き流しも意味はある

無意識でも、脳は常に周囲をモニタリングしている

脳には安静時に働くデフォルトモードネットワークという神経回路があり、自分では意識していなくても常に周囲をモニタリングしている。「集中して勉強する時間が取れないときは、別の作業をしながらでも英語の番組などを流しておけば、脳がその情報を拾い続けるため、一定の効果は期待できる」。

脳のポテンシャルをとことん引き出すには…

勉強していないときの過ごし方が鍵！

勉強効率は、勉強以外の時間をどう過ごすかでも変わる。脳のパフォーマンスを最大限に高めるには、朝からしっかり食べ、適度に運動し、たっぷり眠り、たばこやお酒を控えることが重要。どれも当たり前のことのようだが、そこには脳科学に基づいた明確な理由がある。脳にいい、「勉強していない時間」の過ごし方を知ろう。

1

脳のエネルギー補給に朝食は必須

脳が活動するためのエネルギーは主にブドウ糖だが、ブドウ糖は体内に貯蔵できず、不足しがち。特に朝、寝起きの脳はエネルギーが欠乏した状態。午前中から集中力を高め、効率良く勉強するには、朝食をしっかり食べて脳にエネルギーを補給することが不可欠。

2

30分の有酸素運動が海馬の神経を増やす

脳の働きを良くするには、運動も重要。海馬の神経細胞を発達させるたんぱく質「BDNF（脳由来神経栄養因子）」は、運動によって増えるためだ。BDNFを増やすには30分程度の軽い有酸素運動が効果的。過度な運動は脳組織を壊す活性酸素を発生させるため要注意。

少し汗ばむくらいの
速歩きが
脳にはちょうどいい

私は英語を勉強中です

東北大学　加齢医学研究所教授
瀧 靖之さんに聞きました。

Q1. きっかけは？

リスニング力不足を実感

英語は研究上の公用語。論文の読み書きや日常会話は問題ないが、「外国人のジョークが理解できないことなどもあり、リスニングへの苦手意識をなくしたいと思ったのが、英語の勉強を始めたきっかけ」。

Q2. 目標は？

海外でストレスなく話す

海外でも日本にいるのと変わらないくらい、ストレスなく会話できるレベルを目指す。「研究者仲間との意見交換やコミュニケーションをより深めたいし、トラブルが起きた場合のクレーム対応力も磨きたい」。

Q3. 勉強方法は？

英語のシャワーを浴びる

科学系の英語ニュースをポッドキャストで繰り返し聞き、自宅では英語の動画を常に流し、「脳が英語漬けになる環境」に身を置く。外国人と話す機会があれば積極的に会話し、学びをアウトプットして脳に定着させる。

Q4. 勉強のタイミングは？

すきま時間を徹底活用

移動中、皿洗い中、洗濯物を干す間など、10分程度のすきま時間が主な勉強タイム。「アスリートの筋肉同様、脳は1日でも休ませると、やる気を取り戻すのに時間がかかる。家族旅行中でも勉強は休みません」。

Q5. 習得の極意は？

勉強は「夢へのパスポート」

勉強を「自分を夢に導いてくれるもの」と捉えること。「私には大好きな昆虫の博物館をつくるという夢があり、英語の勉強もその夢へのひとつの過程と思っているので、ストレスなく楽しく学べています」。

3

睡眠は記憶定着と脳のゴミ掃除の時間

睡眠には記憶の定着に加え、脳を使うことで生じる老廃物（ブドウ糖の燃えカス）を排出する役割も。「脳の老廃物は睡眠中にしか排出されない。寝不足続きだと脳は老廃物でゴミ屋敷状態になり、働きが落ちる」。勉強効率を上げるため、毎日最低でも7時間は眠ろう。

4

酒とたばこは脳を直接傷めつける

たばこのニコチンと、アルコールを体内で分解するときに合成される有害物質・アルデヒドは、共に脳組織を損傷する。長期にわたる飲酒習慣は前頭前野を萎縮させることも分かっている。お酒で赤くなる人はアルデヒドを処理できない体質のため、飲酒を控えて。

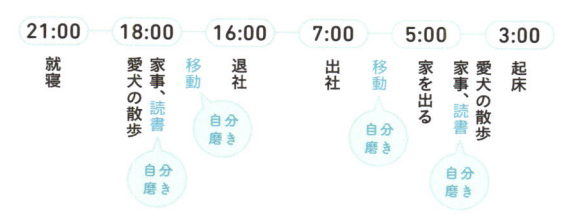

自分磨きが上手な人の

すきま時間の新習慣

すきま時間を活用して、自分を磨き、「なりたい自分」に近づいている人が続々。彼女たちのスキルアップ習慣をのぞくと、自分にもできることが見つかるかも！

本を読むのは1日1ページでもいい。やると決めた"自分磨き"は必ず毎日行います。

CASE 1

山田貴子さん（39歳）
トヨタ自動車

フレックスを活用したある日の山田さんの すきま時間の自分磨き

- 3:00　起床
- 愛犬の散歩
- 家事、読書（自分磨き）
- 5:00　家を出る
- 移動（自分磨き）
- 7:00　出社
- 16:00　退社
- 移動（自分磨き）
- 18:00　家事、読書（自分磨き）
- 愛犬の散歩
- 21:00　就寝

全国各地に出かけて情報を集め、さまざまな企画を立案、実現しているトヨタ自動車の一般職の山田貴子さん。最先端のプリウスPHV（プラグインハイブリッド自動車）専用

山田さんが毎日続ける！ 仕事に役立つ5つの“自分磨き”

1 年間100冊を目標に本を読む

読む本は、自動車やIT、未来予測はもちろんのこと、文章術や絵本まで、幅広い。最新の情報を得るため、「特に洋書は、翻訳されたらすぐに読みます」。多読のコツは「毎日、1ページでもいいから読む」。

2017年1月～9月にこれらを読んだ

2018年1月だけで12冊読んだ

2 通勤時、昼休みなどすきま時間にネットでニュースを読む

「自動車」「MaaS（Mobility as a Service）」など、キーワードを決めてニュースを検索し、すべての記事に目を通す。「スマホを使えば、すきま時間にチェックも可能。企画につながりそうなものは、ネタ帳にメモします」。

気になったニュースは“ネタ帳”にメモ

自分磨きの時間をつくるために山田さんが「している」こと

効率よく働き、自分の時間を確保する

のスマホアプリ「PocketPHV」の提案や商品化に尽力するなど、活躍ステージを広げてきた。

　そうした仕事を任せられるようになったのは、通勤や出張の移動時間などのすきま時間を使って、毎日〝自分磨き〟を欠かさなかったから。

「自動車業界の知識では誰にも負けない自分になるために、本やネット、関係省庁の資料を読み、業界を中心にさまざまな人とSNSで交流。常に最新の情報を入手しています」

　自分磨きを続けるコツは、決めた習慣を毎日、1分でも行うこと。ただし、「知識や情報をインプットするだけではダメ。それを外部の人にも評価されるような成果につなげることが大切です」。

　山田さんは成果につなげる〝練習〟として、社外の公募にも応募する。「頑張った自分へのご褒美になります」。

3 審議会、研究会、白書など関係省庁の資料を読む

各省庁の審議会、研究会、白書など、ウェブ上にある資料は印刷しない。スマホで「ホーム画面に追加」してトップ画面にリンクを張り、ワンタッチで読めるように。「必要な情報が頭に入ったら、不要なリンクを消します」。

資料は大量なのでプリントせずスマホにリンクを張る

※業務時間外に利用

4 知識と人脈を広げるために現場へ出かける

モーターショーなどのイベントや展示会、IT企業などの研修会、自治体の講演会などに積極的に参加し、知識と人脈を広げる。「音楽関係者など、さまざまなジャンルの人に会うので、1カ月に使う名刺は100枚以上です」。

イベントや研修会も自ら開拓し、参加する

5 いろんな人と出会ったらSNSでつながる

自動車メーカーやIT企業の人だけでなく、モータージャーナリストなど、出会った人とはフェイスブックやインスタグラムなどのSNSでつながる。「入手した情報は、LINEなどで仲間とタイムリーに共有します」。

SNSなどで情報交換をしています！

毎日、自分磨きを続けるコツ

- ◎ 忙しければ、本を読むのは1ページでもいいので「毎日」を守る
- ◎ 時間（毎日30分など）を目標にしない
- ◎ 自分磨きを仕事だと思わない
  →自分の人生を豊かにするため
- ◎ 知識をインプットしたらアウトプット、
  アウトカム（成果）まで確認して続ける意欲を保つ

総務省のICT新規事業企画コンテスト「異能vation」で2017年、18年と連続ノミネート。18年は「企業特別賞」を受賞した。

山田さんのスキルアップ史

1999年4月 入社後、国内の営業部門で50社くらいの販売店の需給・配車管理を担当。

> **社外の人とのコミュニケーションやエクセルのマクロのスキルなどを身に付ける**

2011年1月 IT部門に異動。MIRAI、プリウスPHVなどのコネクティッドサービスの企画を担当。MIRAIでは、水素ステーションの位置が分かるアプリを、プリウスPHVでは車外からエアコンを操作できるアプリを企画・開発。

> **IT企業の人に教わりながら、車のITに必要な知識を獲得する。アプリ開発に必要な知識を吸収する**

2017年3月 EV事業企画室に異動。地域・人とのつながりを活用する、自動車の新しいサービスの企画を担当。

2018年1月 モビリティサービスを企画する部署に異動。新規のソリューション企画を担当。

> **関係省庁や自治体の資料を集め、勉強会に出席し、知識を深める**

新規事業のお披露目で取材に対応

山田さんの自分磨きは

3つの「パラレルキャリア」で無理なく楽しく

1
長く働き続けるために資格取得

短大では英語の中学校教諭二種免許、就職後に保育士資格を取得。国家資格にこだわる。

2
仕事で必要とされる自分になる

P.47〜48で紹介した「仕事に役立つ5つの自分磨き」で、知識を深めて外部の人脈をつくる。

3
趣味でジャズシンガーとしても活動

名古屋や東京で定期的にライブ活動を。「年齢を重ねるほど魅力が出るのがジャズです」。

仕事終わりにカフェで「勉強グセ」。取った資格の数々が仕事にも役立ってます。

CASE 2

國吉愛美さん（29歳）
日本証券業協会
SDGs推進室 調査役

國吉さんのすきま時間の自分磨き

- 7:00 起床
- 朝食・身支度
- 8:15 家を出る
- 移動（自分磨き）
- 9:00 出社
- 11:30 ランチ
- 午後の仕事
- 18:00 退社
- 19:00 夕食の後にカフェで勉強（自分磨き）
- 21:00 スポーツジム
- 移動（自分磨き）
- 23:00 帰宅
- 24:00 就寝

日本証券業協会が新設した、SDGs（国連が採択した持続可能な開発目標）を推進する部署で働く、國吉愛美さん。入社後の7年間で、証券アナリスト、FP2級など、8つの資格を取得した。「まずは業務に関連する資格で、勤務先から取得費用が補助されるものを選びました」。

限られた時間でこれほど資格が取得できたのは、國吉さんに「勉強グセ」がついているから。通勤や外食時のすきま時間を活用し、就業後はほぼ毎日、カフェや図書館に通う。予定のない休日も、つい図書館に行ってしまうのだとか。

取得した資格は、仕事に役立つ。「日本語検定で学んだ知識があると、自信を持って対外的な文章を手直しできて、上司からも頼りにされている、と感じます」。カラーコーディネーターで学んだ知識は、分かりやすい資料づくりに生きるそうだ。

勉強はカフェか千代田図書館で

勉強はすべて外で。「千代田図書館（東京）は、勉強スペースが充実していて、平日は22時まで開館しているので、よく利用しています」。

自分磨きの時間をつくるために
國吉さんが「しない」こと

家事を最小限に

昼と夜は外食。シャワーはジムで浴びて、家事負担を減らしている。整理整頓を心がけており、自宅の掃除は週末だけ。

カラーコーディネーターの知識を生かして資料作り

「色を効果的に使いました。色彩の有資格者として提案すると説得力がアップします」

勉強の7つ道具はこれ

通勤中は試験対策用のサイトで「ゲーム感覚で過去問や単語を勉強」。セミナーや講義はICレコーダーで録音して聞き直す。疲れたらチョコで一息入れる。

いつも何かを勉強中！

國吉さんの資格取得史

- 2011年11月　簿記検定2級
- 2012年10月　2級ファイナンシャル・プランニング技能士
- 2014年8月　証券アナリスト
- 2014年11月　基本情報技術者（国家資格）
- 2015年6月　カラーコーディネーター3級
- 2015年11月　カラーコーディネーター1級
- 2016年12月　応用情報技術者（国家資格）
- 2017年6月　日本語検定 準1級

証券アナリストは第1次・第2次レベル試験に2年で合格

現在も情報処理、語学などを勉強中

國吉さんの
勉強のマイルール

1 すべて独学で。学校には通わない

独学だと、通学時間が不要で自分の時間をフルに活用できる。「費用も最低限に抑えられます」。

2 「資格取得」にこだわる

自分の関心が薄い分野も網羅的に学ぶので、世界が広がる。資格の取得がアピールポイントにも。

3 勉強はカフェ、図書館、通勤電車

自宅では一切勉強せず、通勤電車やカフェ、図書館などで学ぶことで、オン・オフを切り替える。

ひとりひとりが自分らしく生きる時代。「私らしい働き方を叶える支援」をする会社を立ち上げました。

中山紗彩さん（27歳）
SHE
co-founder／CEO

CASE 3

中山さんのすきま時間の自分磨き

- **7:30** 起床・朝食 身支度
- **8:00** 自宅でメールを見る 企画書を作る
- **10:00** 出先で打ち合わせ
- **12:00** ランチで情報収集（自分磨き）
- **15:00** 講師の候補者と打ち合わせ
- **17:00** オフィスでリサーチ 企画を練る
- **20:00** レッスンに立ち会う（自分磨き）
- **23:00** 帰宅
- **24:00** 就寝

大学在学中からコンサルテイング事業を始め、起業を意識していた中山紗彩さん。リクルートキャリアなどを経て、一昨年に起業。「ミレニアルズの私らしい働き方を叶える」プラットフォーム「SHElikes《シーライクス》」を運営し、口コミを中心に集めた参加者は1年半で約6500人に。私らしい働き方を叶えたい、クリエイティブスキルを身に付けたい、という女性が多く「参加者の方の話を聞くことも、私には貴重な情報収集と学びの機会。仕事を追求することが、そのまま自分磨きになっています。副業や転職、起業に興味のある方も多く、私自身が講師になることも」。

講師を見つけるためにSNSチェックは欠かせない日課。「フォロワー数で人気が分かり、写真からライフスタイルが見える。じっくり見ているうちに、これはと思った人は、まずハズさないようになりました」。

人に会うのが自分磨き！ ランチのアポイントで情報交換をします

ランチをひとりで食べることはほとんどなく、情報交換したい人とのアポイントを毎日入れている。

毎日、20～22時に講座に立ち会って刺激を受けています

東京・表参道で、ほぼ毎日講座を開催している。「講義形式のレッスンでは50人ほど集まります」。
http://she-inc.jp/likes

自分磨きの時間をつくるために
中山さんが「しない」こと

夜の会食・テレビ

夜の会食は長くなってしまうので、情報交換の会食はすべてランチで。自宅にテレビは置いていない。

中山さんの
情報収集のマイルール

1 ニュースは人のおすすめを見る

SNSでフォローしている人や知人が取り上げるニュースが情報源。「新聞やテレビは見ません」。

2 人との縁を大切に。SNSでつながる

「フェイスブックが名刺代わり。縁があって会った人とはフェイスブックでつながります」

3 口コミや紹介で人脈を広げる

講師は有名な人に当たるのでなく、信頼する人からの紹介や、SNSの人気度で地道に探す。

SNSをこまめにチェック！

“等身大”の講師をいち早く見つけてスカウト

インスタグラムで人気のfoxcoさんをイラスト講座の講師に招いた

「foxcoさんはコンサルティング会社などに勤務しながら、副業でイラストを描き始め、今ではそれを本業にした方。イラストがかわいいのはもちろん、そんな彼女の生き方も話してもらう講座がとても人気です」

こんな作品を作った

友人のインスタで知ったHALUさんにロースイーツの講座を依頼した

葉山町（神奈川）をベースに活躍するHALUさん。「2万1000人もフォロワーのいる彼女は、ライフスタイルもとても素敵。得意のロースイーツ（48℃以上の加熱をしないスイーツ）のレッスンをお願いしました」。

とてもヘルシーなスイーツです

＼ この人に聞きました ／

立教大学 経営学部教授　中原 淳さん

東京大学教育学部卒。「大人の学びを科学する」をテーマに、企業の人材開発・リーダーシップ開発を研究。近著は『残業学 明日からどう働くか、どう働いてもらうのか?』（光文社新書）。

自分磨きって何をすればいいの？

今日から始められる 7つの習慣

1 背伸びする仕事を頑張ってみる

職場で過ごす時間は長い。仕事を自分磨きの舞台にしよう。「自分の能力でギリギリできるかどうかという、背伸びする仕事に挑戦してみると多くを学べます。会社の成長にも貢献できると、さらに『いい仕事』がやってきます」。

2 本を1トン読む

「『本を1トン読め』とは、ヤフーの宮坂学取締役会長の言葉です。本をたくさん読むと、自分がどこに立っていて、どこに向かうのかを知る“地図”を持てます。地図の範囲を広げるには、大きな書店ですべてのフロアを回って、気になる本を探してみる習慣を持つといいですよ」

3 知識をインプットしたら必ずアウトプットもする

書籍、ブログやSNSなどで得られる情報、セミナーや教育機関、大学のMOOC（大規模公開オンライン講座）など、知識をインプットする機会は豊富にある。「インプットしたら、必ず自分の頭で考えてアウトプットしましょう。誰か人に説明してみる、でいいのです」。

4 知らない場所へ行ってみる

会社や家族などの慣れ親しんだ居心地のいい場所を離れて、時には“アウェー”な場所へ出かけよう。「私自身も、SNSなどで見つけた異分野の専門家の勉強会に、毎月のように参加します。行く直前になるとおっくうにも感じますが、行けば必ず何か新しい気づきが得られます」。

5 誰かに自分の評価をしてもらう

自分がいまやっていることや仕事の状況について、他人の目に映る姿を知ることも必要。「自分では気づかない盲点を指摘してもらうことが大事。なるべく具体的な意見を聞くようにしましょう」。

6 人が集まる場をつくる

人が集うような機会、イベントを主催する。「習慣4を続けた人は、この習慣6に到達することが多いです。パワーが必要ですが、人が人を連れてきて、さらに情報が集まります」。

7 得た知識を教えてみる

自分が得た知識を教える側になる。「教えるというとえらそうに感じるかもしれませんが、実は一緒に学ぶのだと考えましょう。教えてみると、学び続ける必要性を感じます」。

CHAPTER

3

• CLEANING TIME •

部屋も暮らしも自然に整う人の

片づけ・家事 編

毎日しなければならない家事や片づけ、意外と時間がかかっていませんか？ やりたいことをする時間を生み出すために、日々のルーティンを見直しましょう。家事の時短術や片づけのコツを学べば、手間をかけずに過ごしやすい空間が手に入ります。時間の節約と共に、心の余裕や、お金の節約ができる効果も!?

ラク＆キレイが一生続く！

モノを減らせば、頑張らずに毎日片づく！

「片づけってやっぱり面倒…」。
そう思う人は、まずは「モノを減らす」というたった1つのアクションに着目を。
モノの数を減らすだけで、その場で部屋が整い始める理由を教えます！

＼この人に聞きました／

収納環境プランナー
すはらひろこさん

建築などの専門知識と経験を生かした片づけ術が人気。オールアバウトで収納記事を連載し、整理収納資格が取得できる講座の講師を務める。著書は『シンプルに暮らす無印良品で片づく部屋のつくり方』（エクスナレッジ）ほか多数。

新生活を迎えるこの時期に、快適な暮らしづくりに目を向ける人は多い。そんな日々の生活の快適さに大きく関係するのが「片づけの煩わしさ」だ。

WOMAN読者のアンケート調査で、半数近くが「片づけが苦手」と回答。手っ取り早く、面倒な片づけから解放される方法はあるのだろうか？

「モノの数を減らせば、片づけの時間と手間は確実に減ります」と話すのは、整理収納に詳しい、すはらひろこさん。モノが減ると「家事の手際の良さやダンドリ力も身に付いていく」と話す。

“手放す生活”で毎日がラク＆快適に

そんな日々の効用に加えて、「モノを減らす行為は、気持ちのいい暮らしのあり方を探るチャンスになる」とも。「本当に必要なモノは何か、身近にあると生活が心地よくなるモノは何か、という視点が明確になる。自分の価値観で取捨選択することで自信が生まれる。単に捨てる行為ではないんです」。

モノを手放すことに抵抗がある人も多いが、最近ではフリマアプリをはじめ、必要な人に手軽に引き渡せるサービスが活況だ。「不要なモノを世の中に流通させる手段を個人が持てるようになった今こそ、〝手放す生活〟を積極的に実践してみて」。左の5つのモノを減らす習慣で、今よりもっとラクな生活を手に入れよう！

今、片づけで一番知りたいのは…

（複数回答）

1位
モノの減らし方
29.4%

2位
モノの捨て方
27.2%

3位
収納のテク
20.8%

部屋が片づくと…

（複数回答）

イライラが減る
83.2%

生活がラクになる
94.0%

お金が貯まる
75.0%

時間に余裕が生まれる
86.9%

“簡単”に片づく方法があった！

今日からモノを
どんどん減らせる
5つの習慣

1 1日1分、モノを手放すための時間を持つ

「モノと向き合って手放す時間をつくることは大切」。1日1分でも立ち止まって身の回りを見渡す習慣を繰り返すと、次第に手放すジャッジが早くなり、片づけがラクになっていく。

2 「ムダ買いしがちなモノ」を把握する

日々、手放す行為を意識して繰り返すうちに、つい買ってしまうけれどムダになっているモノの傾向が見えてくる。店に立ち寄らないなど、買わないための対策が明確になる。

Q ムダ買いしがちなモノは？

お菓子…39.5%

洋服…39.4%

生鮮食品…19.5%

乾物などストック食材…16.2%

本…15.5%

靴…15.2%

化粧品…13.7%

（複数回答）

3 「MY適正数」を決めて、それ以上は家に入れない

衣類など、無限に増えてしまいがちなモノは、必要な数を決めておこう。「上限を決めておくだけで、しっかり選んで購入するクセが身に付き、モノが増えにくくなります」。

4 「なくてもいいモノ」を見つける

「惰性で居座ってしまっているモノって、実は結構ある。この手のモノが収納スペースを占領しがち」。今、必要かどうかを基準に、見えにくい収納ボックスの中などを、定期的に見直して。

5 「見える化」収納で、モノを埋もれさせない

「モノであふれ返る女性のお悩みNo.1の場所がクローゼット。埋もれたまま、活用せずに眠らせてしまうことが多い」。掛け収納を基本にするなど"見える収納"を意識して。

Q 今、片づけや収納に困っているアイテムは?

洋服 … **55.1%**

書類 … **29.7%**

本 … **22.9%**

手紙、年賀状 … **19.2%**

写真、画像データ … **19.0%**

もらいもの … **18.3%**

バッグ … **17.4%**

靴 … **15.9%**

化粧品 … **12.9%**

(複数回答)

※アンケートは2018年2月に
日経WOMAN公式サイト上で実施。
673人(平均年齢39.4歳)から回答を得た。

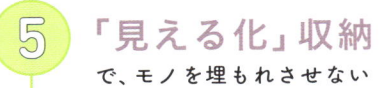

頑張らずに片づく！
部屋のヒミツ
を公開

FILE 1

shokoさん（28歳）
メーカー・事務

1K6畳の賃貸アパートで
ひとり暮らし

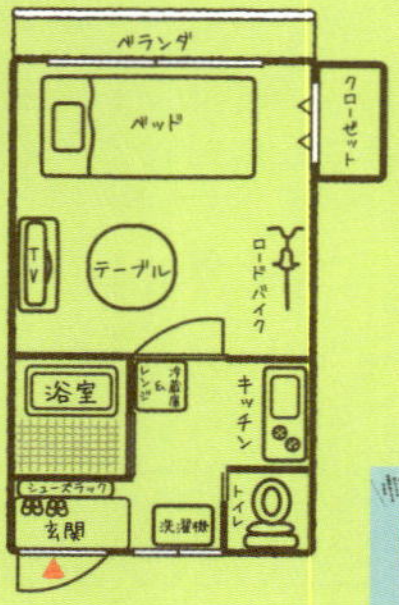

ルームシェアを経て、3年前にひとり暮らしを再開。狭い部屋で丁寧に暮らすコツをまとめたインスタグラム（@nekokoko___）や書籍『ていねいなひとり暮らし』（すばる舎）が話題に。

モノが手放せず、掃除が苦手だったshokoさん。引っ越しを機に家具や雑貨を思い切って処分し、3分の1に。いずれ買い足そうと思って最小限のモノで暮らし始めたところ、「掃除機がけの前の、モノを移動させて浮かせるアクションが不要に。1日3分、週末1時間で片づく部屋になりました」。片づけや掃除がラクになったことからシンプルライフに目覚め、モノ選びの基準にも変化が。「購入

いつも部屋がキレイな人の片づけ24時間

- **6:00** 起床、**ベッドメイキング**をして、着替え。2日に1度、洗濯物干し。**3日に1度トイレ掃除**
- **6:30** 朝食の準備（お弁当は前日の夜に準備）
- **6:45** 朝食
- **7:00** メイク
- **7:25** コートを着た状態で、**リビングと廊下を掃除機かけ**
- **7:30** 出勤
- **19:00** 帰宅。リュックと上着を**定位置に吊るす**
- **19:50** 夕食後、食器洗い、朝食の下ごしらえ、**週に1回常備菜作り**
- **20:00** 入浴
- **22:00** 翌日の洋服を**クローゼット内にセット**し、就寝

モノを減らす TIME

洋服は衣替え時に見直し
書類は2カ月に1度整理

衣替えは、奥と手前を入れ替えるだけ！

衣替え時にすべての洋服を見直す。「1～2回しか着ない服は、フリマアプリで潔く手放します。領収書は2カ月ごとに整理し、ファイル1冊に集約」。

自分にとってベストなモノの数

肌着 各4枚
バスタオル2枚、
フェイスタオル4枚

洗濯物もため込まなくなる！

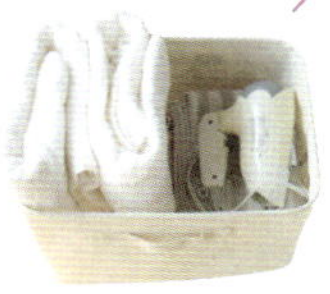

タオルや肌着類は「2～3日に1度の洗濯で、使い回せる枚数だけ所持」。

色味を極力抑えてシンプルに。床を広く見せるため、吊るす収納も活用。

モノを3分の1にして日々の片づけ＆掃除の激ラクを体感！

を検討する際に自問自答し、〝1つ買うたびに1つ処分〟がマイルールに。以来、後悔した買い物は一切ないです」。増えがちな調味料やタオルは一定数に絞り、工夫して丁寧に使うようになった。「家中のモノを把握でき、探す手間もストックもゼロ。自然に時間とお金のゆとりが生まれています」。

モノを減らすワザ 1

ソファ、ラグ、来客用クッションを持たない

洗濯物の仮置きや"寝落ち"につながっていたソファは処分。「来客時はヨガマットをラグ代わりに。3人座れて座り心地も◎」。

普段は畳んで
ベッドの下に

モノを減らすワザ 2

洗剤は汎用性のあるものに絞る

重曹・クエン酸を掃除の際にフル活用。「重曹は生ごみのニオイ消しに。クエン酸と重曹を混ぜれば、排水口の掃除にも使えます」。

クエン酸は
ビンでストック

モノを減らすワザ 3

クローゼットは6割収納で「見せる収納」と心得る

「パンパンのクローゼットは見るのもイヤになり、上段の半分は何も置かないようにしました」。扉を開けるのが楽しく、すぐ取り出せる。

空きスペースで
ちょっとした
作業もできる

モノを減らすワザ 4

増えがちな化粧品はボックスとポーチで管理

スキンケア・ヘアケア用品は籐《とう》のボックス、メイク道具はポーチに入る分だけをキープ。メイク後はクローゼットの中に収納。

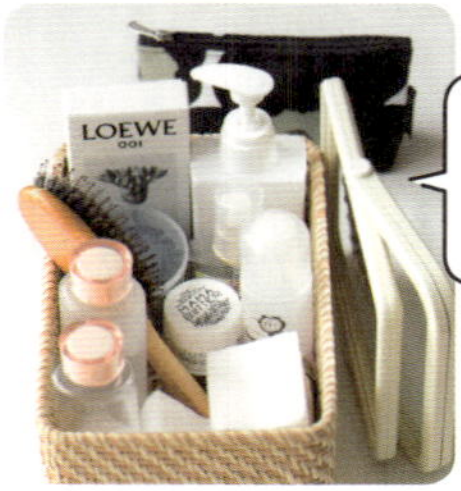
厳選アイテム
だから、メイクの
失敗もナシ

頑張らずに

・片づくヒント・

1 目立つ場所はスッキリ見える「白」に厳選

玄関正面の洗濯機周りは白の小物でスッキリと。洗剤は無印良品の半透明のメイクボックスで目隠し。

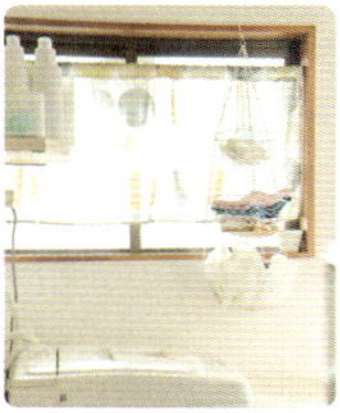

カゴに
ハンカチを入れ、
忘れ物防止！

2 コードレスクリーナーは出しっ放しに

見た目重視で選んだマキタ。身支度を終えた出勤前の3分で掃除機をかけるのがルーティン。

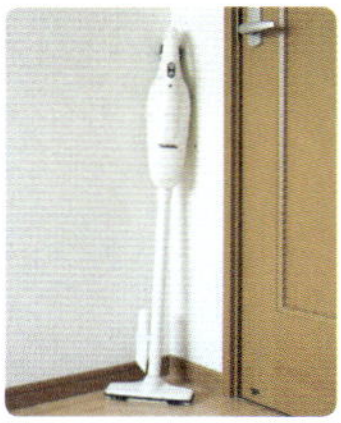

部屋に置いても
浮かない
デザイン

3 テレビボードは扉ナシで掃除がラク

「扉がないと移動も掃除も快適です」。配線はセリアのコンセントボックスにまとめてスッキリ。

テレビボードは
作家さんにオーダー
し、1万円弱

モノを減らすワザ 5

靴はオールシーズン8足

「飾って見せるシューズラックを置いたら、自然にお気に入りの8足に厳選されました」。一生ものの革靴も手に入れて、気分がアップ。

ひと目で
分かるので
便利

モノを減らしてこうなった！

洋服代が激減、浮いたお金で英会話の勉強をスタート

モノへの愛着が増し、年間20着ほど買っていた洋服も、一昨年は2着だけ！「節約できた分、英語の勉強、旅行やフェスを満喫しています」。

（左）月5000円程度の通信講座を開始
（右）浮いたお金を年に数回の旅に充てる

写真／shoko

洋服を10分の1まで厳選！
イライラも減り
時間の余裕が生まれた

FILE 2

小林博子さん（34歳）
インテリア・販売

1K・40㎡のマンションに
夫と2人暮らし

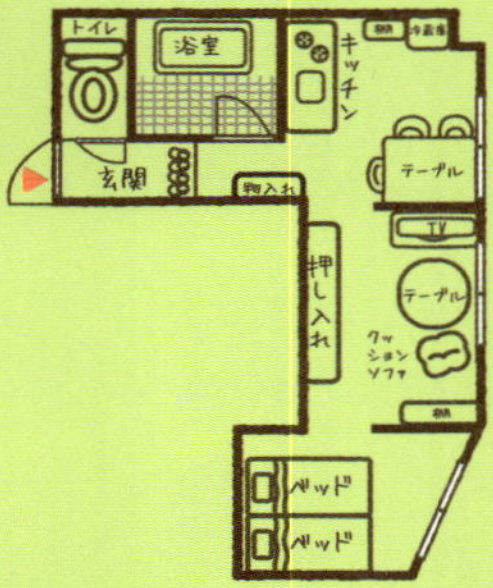

玄関、台所、居間、寝室が続きの空間となったL字形の間取り。居間の押し入れに洋服を、玄関近くにアウター類を収納し、生活動線が混乱しないように工夫している。

「以前は休日のたびに買い物に出かけていた」と言う小林博子さん。部屋にモノがあふれ、手持ちの洋服が200枚を超えたところで、「すっきり暮らしたい」と一念発起。半年かけて衣類、雑貨、食器類を手放していった。「衣類は、収納しっ放しのアイテムをすべて外に出すことからスタート。似たようなデザインの洋服ばかり何枚も持っていたことが分かり、愕然《がくぜん》としました」。洋服は10分の1まで厳まるで家カフェのような白を基調にした部屋。友達を招いて、家飲みすることも。

いつも部屋がキレイな人の片づけ24時間

- **7:00** 起床。**生活動線上に着替え、メイク道具があるの**で、手早く身支度
- **7:30** コーヒーと軽い朝食で**洗い物を少なく**
- **8:00** 出勤
- **18:00** 帰宅後は**夕食準備、床掃除、洗濯**をして、その日の家事はその日に終わらせる
- **21:00** 入浴後はお湯を抜き、浴槽と壁を**スポンジで洗う**
- **22:00** 資格取得の勉強をしたり、**住まいに関するブログを見たり**して、整理収納のヒントをもらう
- **24:00** **小さな箇所を1カ所以上整理**して、就寝

モノを減らす TIME

平日夜、気になる小さな箇所のアイテムをすべて出して選別

化粧ポーチやペンケースなど“2分あれば見直せる”箇所を最低1カ所チェックするのが日課。「すべて取り出したほうが整理しやすく、処分・交換の時期がひと目で分かる!」。

自分にとってベストなモノの数

トップス、ボトムス、ワンピース 各5枚

「洋服は上下各5枚もあれば5×5＝25通りのコーディネートができるので困ることはありません」

洋服は押し入れに

選。モノを減らした後は、収納スペースを決め、そこに入る分量しか持たないようになった。「ムダなモノのためにムダな収納アイテムを買うこともなくなり、節約&掃除の時短に。時間と気持ちに余裕が生まれた今は、趣味の手芸やキャリアアップの勉強を楽しんでいます」

モノを減らすワザ 1

1年以上使っていない モノは手放す

1年以上使わないモノは、潔く処分。大切だった品物は人にあげたり、ネットオークションに出したりして、第2の行き先を考える。

モノを減らすワザ 2

月に1度、スペシャルなモノの選別タイムを30分間設ける

手芸用にストックしている端切れ、洋服、食器などは平日夜の30分間で見直す。「たとえ短い時間でも、片づけると達成感がありますし、心のコリがほぐれてスッキリします」。

小さな端切れも一度全部出して選別しながら入れ直す

モノを減らすワザ 3

白と木目を中心に色味を抑える

インテリアの色味を抑えると、すっきり見えるほか、モノがあふれ始めたときに気づきやすい。「小物や本も棚に収まるだけ、と決めています」。

スッキリ片づいた印象をキープ

モノを減らすワザ 4

収めるスペースを決め、在庫を見える化

あらかじめ収納できるスペースを決め、容量オーバーを阻止。ついつい増えがちな雑貨類も「1つ増やしたら、1つ処分」を徹底している。

増えがちなマステは箱に収まるだけ

マグは棚の上に載るだけ

頑張らずに

・片づくヒント・

1 採寸グセをつける

収納グッズは小さすぎるとモノが入らず、大きすぎると場所を取る原因になるので採寸は必須！

2 掃除機を手放す

思い立ったら、すぐに掃除！

床置きしているモノが少ないため、日々の掃除はワイパーで十分。サッと手軽に掃除ができるのもいい。

3 動線に合わせたモノの配置を徹底

コートは玄関近くに

寝室の隣に衣類を、玄関近くにコートを収納。「部屋を行ったり来たりせずに着替えられます」。

4 8割収納を心がける

突発的な買い物で洋服が増えても困らないよう、収納量はクローゼットの8分目をキープ。

衣類は立てて収納

モノを減らすワザ 5

家族のモノは勝手に減らさず、「見せ方」を変える

無印良品のカゴと仕切り板を使って、ネクタイを収納。「『これ以上は入らない』と分かると、夫も自然に整理してくれるようになりました」。

モノを減らしてこうなった！

趣味の「刺し子」と仕事のスキルアップに充てる時間が生まれた

片づけにかかる手間が減り、自由時間が増えた。「刺し子を楽しんだり、インテリアコーディネーターの資格を取るために勉強したりしています」。

（左）インテリア関連の資格を勉強中
（右）無心になれる縫い物が好き

収納がない
極小の1Kで
小物も生活用品も
〝しまい込まない〟
ルールに

FILE 3

角田浩美さん（仮名・30代）
小売・店長

築30年以上の1K・24㎡の
マンションにひとり暮らし

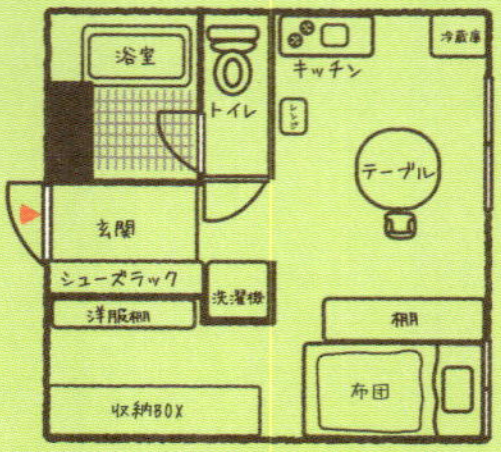

洋服と雑貨のショップを営む。リノベーション賃貸ブランド「REISM」の物件に住む。開放感があり、仕切り方次第で自由にゾーニングできるL字形の間取りが気に入った。

服や雑貨が大好きで、自らもショップを営む角田浩美さん。好きなモノに囲まれながら、1Kの限られた空間ですっきり暮らすために心がけているのが〝スペースに合わせてモノを絞る〟こと。「雑貨を飾るのは、部屋の中心にある棚の中だけ。飾るスペースを限定すれば、むやみにモノが増えません」。いつでも好きなモノが見えるように、棚は間仕切りを兼ねて家の中心へ配置。「目に付きやす

いつも部屋がキレイな人の片づけ24時間

6:00 起床、**布団を整える**

7:00 食器洗いのついでに**シンクの中をスポンジでざっと洗う。**
ほこりが気になるときは
軽く掃除機を掛けてから出勤

20:00 帰宅したら、アウターをハンガーに掛けて**アイロン台に吊るしておく。**
部屋着に着替える前に、前日に干していたベランダの洗濯物を取り込む。
部屋着に着替え、
洗濯機を回して洗濯物を干す

20:30 湯船にお湯をためている間に、取り込んだ**洗濯物を畳んで収納**

21:00 入浴後は湯船の中だけ**ざっと洗っておく**（お風呂の床や壁は週末にしっかり洗う）

24:00 就寝　※週末は2時間くらいかけて床や洗面所、お風呂などをしっかり掃除

モノを減らす TIME

モノを買ったとき、人が来るとき、衣替えのときに 物量を見直す

来客時や衣替え、引っ越しがモノを減らすタイミング。箱の中を見直し、使っていないモノを手放す。

自分にとってベストなモノの数

靴 13足

玄関の広さに合わせ、引っ越し時に靴の数を見直し。ヘビロテ中の13足に絞り、それ以外は手放した。

玄関の棚に収まる数だけ

中心に置いた棚に好きなモノをギャラリーのようにディスプレー。

いので、こまめにほこりを取ったり、整理したりするようになりました」。部屋には扉付きの収納がないため、キッチン回りのアイテムや靴は出したままで収納。「モノをしまい込まず、フルに活用できるようになりました」。

モノを減らすワザ 1

1軍のバッグは1つだけ

季節ごとに1軍のバッグや帽子を1つ決め、ディスプレーを兼ねて壁に掛ける。「取り出しやすくなり、朝の支度でも迷いません」。

壁に掛けて見える場所に

モノを減らすワザ 2

調理器具など台所のモノは見える場所に配置

調理器具や食品は必要最低限の量にし、ストックは持たない。「すべて目に入る場所にあるので、使い切れずに眠らせることがありません」。

調味料はシンプルな瓶に詰め替え、キッチンペーパーは花屋でもらったバッグに入れ吊るす。

モノを減らすワザ 3

立てて収納、在庫が一目瞭然

迷子になりがちな靴下は1足ずつ丸め、ショップのように立てて並べる。「手持ちを見渡せるので、目当てのモノがすぐに見つかります」

靴下の迷子を防止！

モノを減らしてこうなった！

長く愛用するモノが増え、ムダ買いが減った

モノを減らしていく過程で、自分が好きなモノが明確に。「"とりあえず買い"がなくなり、長く愛用できるモノを選び、大切に使えるようになりました」。

1足を修理して大切に履くように

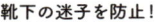

頑張らずに

・片づくヒント・

1 生活感の出るリモコン＆テレビは目隠し

テレビやリモコンは布をかぶせたり、バッグに入れたりして目隠し。インテリアになじませる。

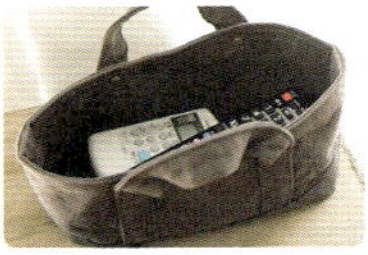

リモコンは厚手のトートバッグに

テレビは布をかぶせて

2 食品や生活用品も入れ替えるだけで美しく

おしゃれな空き缶を食品や生活用品の入れ物に活用。「普段使いのモノが素敵に見えます」。

素敵な箱に入れるだけで、さながら高級チョコ

お菓子の空き缶は洗濯バサミ入れに

3 棚で仕切って“聖域”をつくる

棚はダイニングと寝室を仕切る役割も。寝室を“聖域”にすることで散らかりにくくなる。

4 ほうきは出しっぱなしにする

ほうきは玄関の壁に立てかけて収納。「汚れが気になったときにすぐ掃除できるようにしています」

いつもはここに

5 小さなモノだけを飾って楽しむ

大好きな雑貨は小さなモノだけを厳選して飾る。「スペースも取らないし、手入れもラク」。

6 コスメは厳選して小さなカゴに

コスメはカゴに入る数だけ所有。「厳選すれば出し入れがラクだし、支度もスピーディーに」。

7 収納ボックスは統一してスッキリ

服や本はバンカーズボックス、雑貨は無印良品の箱に収納。箱を揃えるだけでスッキリ。

（左）使用するマステを決め、収納。アイテムを明記（右）無印良品の収納ボックス

「忙しい!」をなくす10のアイデア

「最高の朝30分」をつくる 家事貯金

料理や掃除、片づけといった家事を“先取り”でやっておけば、朝に余裕が生まれる。ブロガー河内智美さんが実践する、先取り家事の仕組み「家事貯金」を紹介!

この人に聞きました

家事貯金研究家　leaf 河内智美さん
日々の工夫をつづったブログ「10年後も好きな家」をライブドア公式ブロガーとして運営中。著書は『明日の私を助ける家事貯金』（KADOKAWA）。http://10nengomosukinaie.blog.jp/

1日がうまく回る「家事貯金」3つのスゴイ効果

1. 先回りで家事を“貯金”しておくと、時間がなくてもストレスゼロ
2. 時短で家事が効率化されると、料理も片づけも簡単になる
3. 自分の時間が増えて、「本当にやりたいこと」に時間が使える

トレーにセットしておけば、すぐに食卓へGO♪
頭が働かない朝でも、すぐ準備に取りかかれる!

MORNING

IDEA 1
料理貯金
30秒

朝食の食器のセッティングは前の晩に

朝、眠い頭でカトラリーまで用意するのは面倒。前日の夜にお弁当箱とともに食器をセットすると、朝は常備菜を盛りつけてトレーごと食卓へ運ぶだけ。食器を取り出し、並べる手間がない分、ラクに。

IDEA
2
料理貯金
5分

かけるだけで極上の1品完成！

「たれ貯金」4種

自家製だれを多めに作って瓶に入れておく「たれ貯金」は、料理の時短に。朝、野菜にかけるだけで、簡単に味に変化をつけられて重宝。辛味だれをかけたキュウリは朝の目覚めに◎。

セリアのラベルデザインのマスキングテープを愛用♪

ネギシオ

材料(2〜3人分)
レモン汁…大さじ2
長ネギみじん切り…大さじ2
ゴマ油…大さじ1
塩…小さじ1/2
あらびき黒コショウ…適量
ニンニクすりおろし
…小さじ1/2(なしでもよい)

ゴマミソ

材料(2〜3人分)
味噌…大さじ1
(好みの味噌でよい)
砂糖…大さじ1
みりん…大さじ1
すりゴマ…大さじ1
いりゴマ…大さじ1
醤油…小さじ1
酢…小さじ1

辛味ダレ

材料(2〜3人分)
ニンニクスライス…2かけ分
ゴマ油…大さじ1
酢…小さじ2
味噌…小さじ2
豆板醤…小さじ1/2
塩…小さじ1
砂糖…小さじ1
ラー油…少々

ヴィネグレットソース

材料(2〜3人分)
オリーブオイル…大さじ3
ワインビネガー(なければ酢)…大さじ2
ディジョンマスタード…小さじ1
(なければ粒マスタード小さじ1
＋はちみつ小さじ1/2)
塩…小さじ1
コショウ…少々
砂糖(はちみつでも可)…少々

・RECIPES・

「かける」「和える」

だけで完成！

(他のたれも同様)
材料を瓶に入れ、蓋をしてよく振る。使う直前にもよく振る。
※冷蔵庫で5日、冷凍庫で1カ月保存可能

IDEA
4
料理貯金
3分

温野菜を少しだけ、のときに大活躍！10年愛用の
レンジ用調理グッズ

朝食やお弁当に温野菜を少し足したいときに活躍するのがルクエの「スチームケース」。切って冷蔵しておいた野菜と少量の水をケースに入れ、レンジでチン。「10年愛用、時短料理の強い味方です」。

IDEA
3
料理貯金
3分から

常備菜やフルーツは
「すぐ盛れる状態」で
保存容器に

変色しにくい果物は食べやすい大きさにカット、ゆで卵は飾り切りし、すぐ盛れる状態にして無印良品の保存容器へ。重ねられて便利。

IDEA
5
整理貯金
30秒

野菜は紙袋に入れ、
汚れたら捨てて掃除をラクに

野菜庫は、長ネギなどを立てて収納するプラケース以外、紙袋で仕切って活用。野菜かすや泥で汚れると、掃除が大変。「汚れたら袋ごと捨てる、で掃除の手間が減りました」。

見た目もシンプルな無印良品の紙袋を愛用。持ち手を外し、口を折り返すことで使いやすくなる。

野菜は種類によって形や大きさが異なるため、プラケースより紙袋が整理しやすい。

IDEA
6
料理貯金
1分

冷蔵庫はケース収納で ムダゼロ&取り出しやすく

乱雑になる庫内は、ケースをそろえて見やすく&ムダなスペースをなくす。ケースだと引き出しやすく、庫内が食材で汚れにくい。「掃除の回数も減り、庫内の整理がカンタン」。

1 野田琺瑯《ほうろう》「持ち手付ストッカー」の味噌容器（左端）、朝に食卓に出す木のバターケース（その隣）など。

2 セリアの半透明ケースに入れた自家製「たれ貯金」置き場。空き瓶も入れておくことで、別場所への収納が不要に。

3 無印良品の密閉容器に入れた常備菜を置く場所。

4 豆腐や納豆など、普段よく食べる和風食材を入れる。

5 ソーセージやハムなど、よく使う洋風食材を入れる。

6 一時置きスペース。鍋ごと入れられるように空けておく。

7 豆板醤、チューブ入りわさびなど、各種薬味入れ。白の厚紙を手前に入れて目隠し。

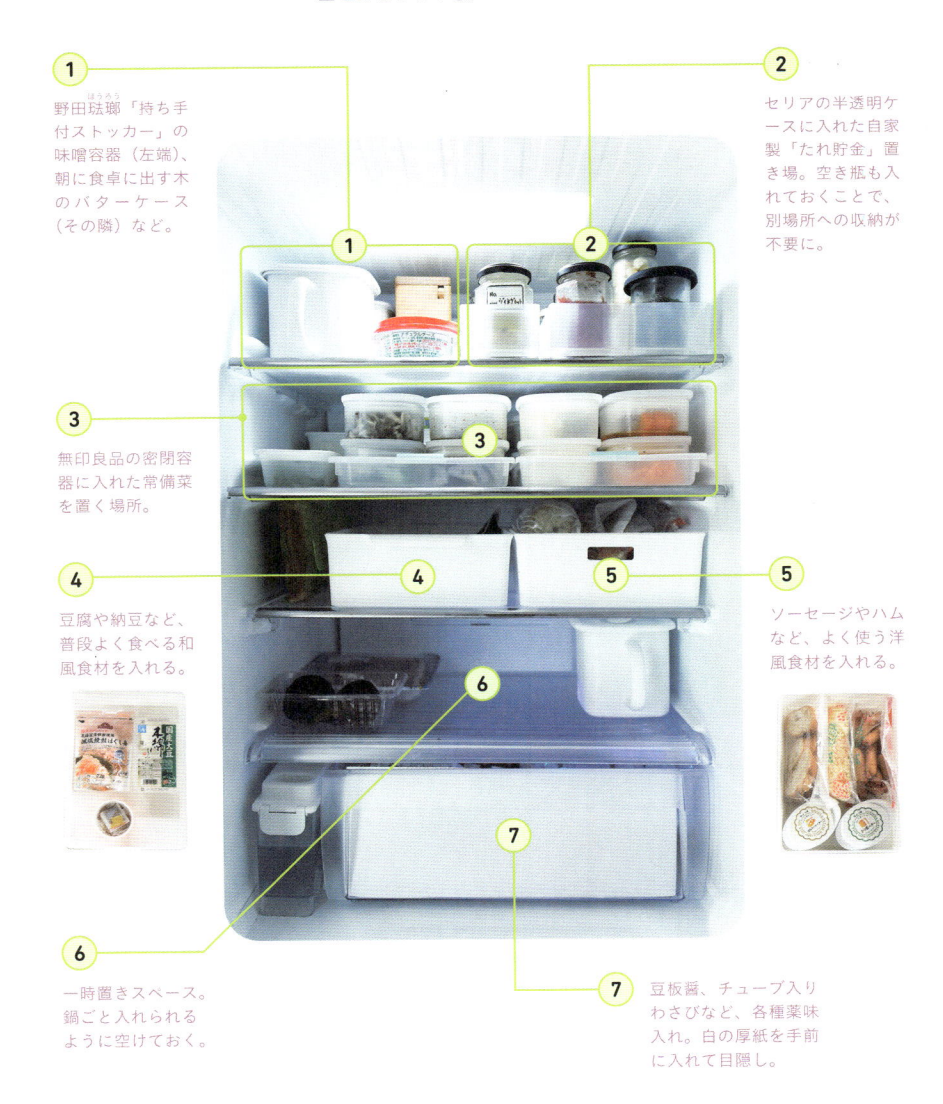

IDEA 7

整理貯金

30秒

乾き切らない密閉容器は

一時置きのかごで対応

ネットで8000円ほどだった「椀かご」。保存容器の蓋のパッキンなどは、拭きにくく、乾きにくい。棚からその都度かごを出し、乾燥したらしまう。「一時置き場を決めておくとラク」。

IDEA 8

掃除貯金

3分

床の「ついで掃除」は軽さ重視の

ほうき&ちり取りで

朝の掃除は出勤前に床の気になる箇所をサッと掃く程度。「ほうきも、厚紙に柿渋を塗ったちり取りも超軽量で、ストレスなし」。

IDEA 9

整理貯金

1分

必要な材料と道具は

「セット収納」を心がける

ムダな動きを省くには、「一緒に使うものは一緒に収納する」に尽きる！ 週末のパン作りの道具と材料は、ステンレスかごにひとまとめ。エスプレッソコーヒーの道具は木製のケースにまとめて。

IDEA 10

掃除貯金

30秒

掃除する場所に掃除道具を完備

気になったらすぐ掃除ができるよう手の届く場所に道具を常備。「こまめな掃除貯金が掃除の負担を減らし、気持ち良く朝を迎えられます」。洗面所では戸棚にクエン酸とエタノールを入れ、ボウルの脇にスポンジを、下に水栓を拭き上げるマイクロファイバークロスを掛けている。

CHAPTER

4

• SAVING & ASSET MANAGEMENT TIME •

すきま時間でお金に強くなる人の

貯蓄・投資編

結婚や出産、パートナーの転勤などで女性のライフスタイルはめまぐるしく変わります。どんなときでも頼りになるのはやっぱりお金。将来のために、今あるお金を貯めたり、賢く増やしたりするにはどうしたら良いか。貯蓄1000万円女子を見習い、お金の問題をしっかり考え備えておきましょう。

貯蓄1000万円女子の情報収集24時間

貯蓄や投資をしっかりしている女性はどのように情報収集しているの？
資産1000万円超えの女性たちの24時間に密着すると、
日々の「すきま時間」を着実に活用していました。

CASE 1

すきま時間に作る「マネーノート」で投資力アップ

秋山ゆかりさん（仮名・37歳）

IT・企画
夫と子供と3人暮らし

個別株、投資信託、債券と多彩な金融商品に投資し、マネー知識が豊富な秋山ゆかりさん。実は20代後半

1カ月の主な支出

住居費	12万円（夫が負担）
水道・光熱費	1万円（夫が負担）
通信費	1万円
食費（外食費除く）	5万円
外食費	2万円
服飾費	2万円
美容費	2万円
交際費	2万円
趣味・レジャー費	2万円
保険料	3万円
貯蓄	10万円

資産

手取り月収	27万円
手取り年収	410万円
貯蓄＆投資額	3500万円（世帯）
うち投資額	3150万円
個別株	1380万円
投資信託	250万円
債券	520万円
ファンドラップ	500万円
FX	500万円

平日編

秋山さんの情報収集24時間

6:00 起床

掃除をしながらモーサテを見る

起床後は自分と子供の身支度をして、朝食を手早く済ませる。時間に余裕があるときには、テレビ東京系の経済情報番組『Newsモーニングサテライト』で経済ニュースをチェックしつつ、掃除などの家事も済ませる。

7:00 家を出る

乗る電車ごとにやることをチェンジ

子供を保育園に送るのは夫。秋山さんは1時間かけて3本の路線を乗り継ぎ出勤する。電車ごとにやることを決めて時間を有効活用。家で子供といるときにはやりづらい、投資や英語の勉強を短時間集中でこなす。

- 1番目の電車：日経新聞を読む、株価チェック
- 2番目の電車：エンタメ系の情報収集、LINE
- 3番目の電車：英語の勉強か読書

8:30 仕事開始

12:00 昼休み

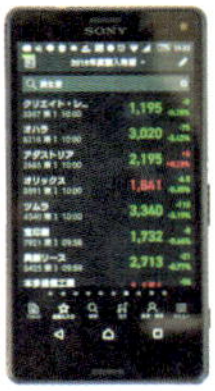

スマホに登録した銘柄の株価チェック

昼食は外食が多い。戻ってから自分の席で株価をチェック。楽天証券のアプリに気になる株を登録して、すぐ見られるようにしている。

買いたい株のリスト

- 条件1　配当利回りが高い（3%〜）
- 条件2　優待銘柄として人気が高い
- 条件3　事業内容に好感が持てる

株選びのポリシーは「自分が応援したいと思える会社に投資する」という明快なもの。「加えて、配当や株主優待が良い銘柄も株価が下がりにくいのでチェックします」。

までは、会社の年末調整の手続きも忘れるほどお金に無頓着で、お金関係全般に苦手意識があったそう。

「多忙でお金だけは通帳に貯まっていたんですが、あるとき銀行で深く考えず買った外債が値上がりして。それが投資に興味を持ったきっかけです」

それからの秋山さんは、通勤中や育児・家事の合間など、短いすきま時間を駆使して投資の勉強をするように。学んだことは自作のマネーノート（80ページ参照）に記録。勉強しながらの運用で、資産は約3500万円まで増えた。

「最初に買った外債はたまたま高く売れて得しましたが、その後はよく分からない金融商品に投資して損をしたことも。信頼できる会社の株に長期投資するのが自分には合うと気づいたので、今はそのための勉強を続けています」

15:00
退社

帰りの電車はダラダラ過ごす

時短勤務中なので早めに退社。帰りの電車では子供のものなど日用品をネットで買ったり、備忘録代わりのブログを書いたりも。

Amazon でおむつを買う

17:00
保育園へ迎えに

17:30
帰宅

家事をしながら子供と過ごす

仕入れたマネー情報をノートに整理して頭に入れる。「子供が遊びに夢中のとき、サッとまとめたりもします」。

子供のすきを見て「マネーノート」をつける

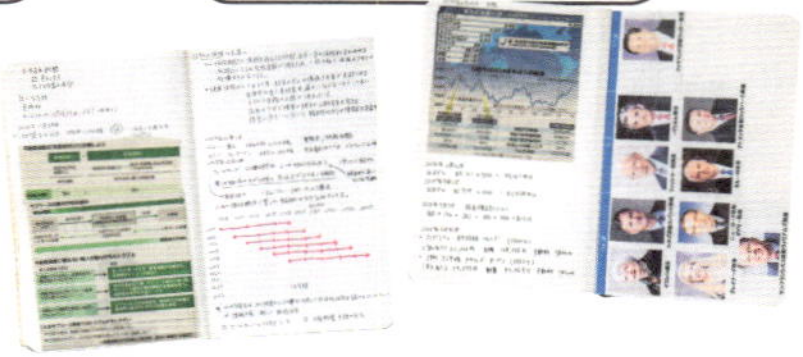

勉強した内容を丁寧に書き込む

気になった記事をスクラップ

22:00
子供就寝

お金に関する用事を片づける

子供と一緒に寝る日も多いというが、「元気なときは勉強や経済番組チェック、ふるさと納税のリサーチもします」。

おトクなふるさと納税の寄付先を探す

休日編

15:00

投資セミナーに参加して勉強

証券会社などが主催するセミナーに参加し、運用のノウハウや、世界経済に関するプロの解説などを聞くことも。

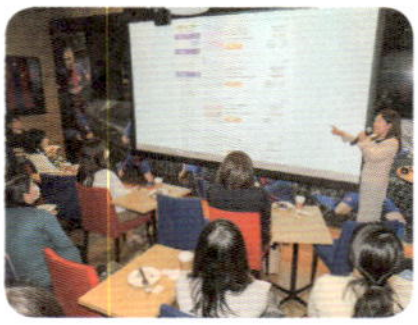

楽天証券が開催した女性向けの投資セミナー

20:00

業界研究で投資先を調査

長期投資できそうな株を探すため、さまざまな業界を研究。「なじみのない業界の最新動向を知るのは楽しいです」。

『「会社四季報」業界地図　2018年版』／（東洋経済新報社）

1000万円女子への道のり

24歳　年金保険料の督促にビックリ

学生時代に猶予され、その後支払っていなかった年金保険料の督促が突然届き、お金に向き合う必要性を実感した。

職場に女性が少なく、雑誌の実例を手本に

29歳　異動して日経WOMANで勉強を始める

ずっと多忙だったが異動で余裕ができ、苦手だったお金の勉強を開始。働く女性がどうお金と付き合うべきかを学ぶ。

30歳　銀行で初めての資産運用

結婚して口座名義変更のため銀行へ行った際、預金の有効活用を勧められる。外債で運用デビュー!

1000万円達成

33歳　産休中に集中的にお金の勉強

外債の購入を機に、世界経済に関心を持ち始める。産休・育休で時間ができた時期に経済の勉強を開始。

学んだ内容は「マネーノート」で整理

36歳　ネットや雑誌でスキル磨きを継続

投資の勉強はネット、雑誌などさまざまなメディアを駆使。仕事のスキルアップにつながる勉強も怠らない。

たどり着いた貯蓄&投資スタイル

1 応援したい企業の株をNISAの枠内で買う

よく調べて好きになった会社の株を買う。ただし、投資額は最大でもNISA枠の年間120万円まで。「好きな会社の株なら値下がりしても持ち続けられます」。

応援しているユーグレナの「緑汁」は優待割引で購入。

2 リスク投資は自分が働いている間だけ

今はお金を増やしたいので、保有資産の大部分を株などの金融商品で運用している。ただし「将来仕事を辞めるようなときは安定運用に変えるというのが夫との約束です」。

3 短期のトレードはしない

一時期、デイトレーダーのような短期間の売買に挑戦したこともあるが、「仕事中もトイレでこっそり株価を見たりと、1日中、振り回されてしまったので、今は封印しています」。

CASE 2

雑誌のマネー情報を取り入れ、家計改善しています

高田寛子さん（仮名・38歳）

情報・ユーザーサポート
夫と子供2人と4人暮らし

「できるだけ損はしたくない」という理由から、安心して投資できそうな割安株に分散投資する高田寛子さん。銘柄選びはマネー誌を参考にしている。「雑誌を見ながら、割安株探しを実践。最近、自分なりの探し方が見つかった気がします」。投資以外に格安スマホ選びや家計管理などの節約術も雑誌で学んだ。「雑誌は知らない情報に触れられるので、視野が広がります」。

資産

手取り月収	35万円
手取り年収	500万円
貯蓄&投資額	1500万円（自分名義）
うち投資額	230万円
個別株	90万円
海外ETF	35万円
社債	100万円
FX	5万円

マネー誌を参考に

1カ月の主な支出（世帯分）

住居費	15万円	日用品代	3万円
水道・光熱費	2万円	美容費	5000～2万円
通信費	2万円	交際費	5000円
食費（外食費除く）	4万～5万円	保険料	1万5000円
外食費	5000円	貯蓄	22万円

高田さんの情報収集24時間

6:00 起床

7:00 家を出る

17:00 帰宅

子供と過ごす時間

22:00 子供就寝

24:00 就寝

夜のお金タイムにやること

☑ スマホで株価チェック

個別株投資は長期投資を基本にしているので、持ち株の株価が大きく下がっていないかだけをチェック。

☑ 家計簿はエクセルで

家計簿は自作のエクセルシート。予算内に納まっているか、昨年に比べて支出が増えていないかを確認。

☑ 経済番組(WBS)を見る

☑ 雑誌でマネー情報をチェック

興味のある情報ばかり見てしまうネットより、知らなかった情報も入ってくる雑誌を情報源として重視。

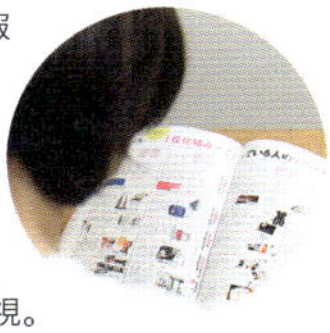

☑ コツコツ懸賞応募

雑誌や広告で見つけた懸賞やモニター募集には欠かさず挑戦。当たれば生活に役立つし、0円でモノを手に入れた感動も。

懸賞で当たったベストと化粧品

雑誌のマネー情報で学んだこと

1 割安株の見方

以前はマネー誌の銘柄紹介欄を見ても、割安かどうかの判断がよく分からなかった。雑誌で学んだことで、PER、PBR、配当利回りという指標と、専門知識のある夫にチェックしてもらう財務の内容を参考に、割安な銘柄を選べるようになった。

2 海外への投資方法

投資先調べが難しい海外投資は、雑誌で知った「ロボットアドバイザー」に任せている。

3 格安スマホの選び方

「相談できる店舗があり、月の料金が最も安かった楽天モバイルを選びました」

4 目的別口座の使い方

費目別にお金を貯められる住信SBIネット銀行の機能で、投資用のお金は分けて管理。

【PER】
会社の純利益と株価の比率で、数字が小さいほど割安。

【PBR】
会社の純資産と株価の比率で、数字が小さいほど割安。

【配当利回り】
配当金が株価の何%かを示す。預貯金の利率に相当。

【財務状況】
売り上げや利益、資産を前年比などで示す決算の数字。

たどり着いた貯蓄&投資スタイル

1 予算を決めてその範囲内で暮らす

固定費を減らし、夫婦で月に貯める金額を設定。一定以上貯まったら、株などお目当ての投資商品を購入する。

2 分からないものには投資はしない

投資する前によく勉強する。仮想通貨など、勉強してもその仕組みが理解できなかった投資には近づかない。

お金を貯める、増やすコツを教えて!

貯蓄1000万円女子が続ける 朝のマネー習慣

家を出る準備に忙しくてバタバタする朝。

でも、お金をしっかり貯めている人は、早起きしてお金を貯める、増やす、につながることをいくつも実践しています。

なかでも、「特にお金につながっていると思うこと」を聞き出しました。

できることからまねてみて!

1位(20人) お弁当を作る

1日に数百円の節約になるのはもちろん、栄養バランスのいい弁当で健康を維持できれば、医療費が抑えられて節約になる、という声も多かった。

「弁当は、買うよりも作ったほうが栄養バランスが良くて体調がいい。医療費の節約になります」

阿部有紀さん(仮名・42歳)
看護師/
ひとり暮らし
▷起床:5時30分
▷年収:400万円
▷貯蓄:1900万円

「ランチ代を節約。続けることが大事なので、市販のレトルトやスーパーのお総菜を詰めるのもアリ」

中野はるかさん(仮名・43歳)
サービス・デザイナー/
ひとり暮らし
▷起床:5時30分
▷年収:500万円
▷貯蓄:2360万円

2位(18人) 朝食を作る

コンビニなどで買ったものではなく、きちんと朝食を作るとお金が節約できるから続けている人が多い。また健康管理に役立ち、医療費を抑えられるという狙いも。

「結婚前はコンビニで朝食を買っていた夫が、『お金が減らなくなった』と喜んでいました。冷蔵庫の食材もチェックします」

吉川あいかさん(仮名・28歳)
サービス業/
夫と子供1人と同居
▷起床:6時30分
▷年収:250万円
▷貯蓄:1800万円

「健康管理ができるので、医療費の節約になります。子供が小さいので、おにぎりと汁物が基本」

高田寛子さん(仮名・38歳)
通信・顧客サポート/
夫と子供2人と同居
▷起床:6時
▷年収:500万円
▷貯蓄:1500万円

調査概要

2017年〜2018年に日経WOMANで取材した、貯蓄・投資総額1000万円以上の女性45人にメールでアンケートを実施し、33人から回答を得た。うち、自身を「朝型」と答えた人は25人。

3位（17人） 天気予報をチェック

予期せぬ雨のために出先で買うビニール傘は、ムダな出費の代表例。それを防ぐために天気予報を見るようにしている、という人が多かった。

「寒暖差を確認して上着を用意したり、雨傘や日傘を準備したりすれば、ムダ買いを防げます」

中野はるかさん（仮名・43歳）
サービス・デザイナー／ひとり暮らし
▷起床：5時30分
▷年収：500万円
▷貯蓄：2360万円

「天気予報を確認するようになってから、出先でビニール傘を買うことがなくなりました」

山田エミさん（仮名・45歳）
サービス・コールセンター／ひとり暮らし
▷起床：5時30分
▷年収：280万円
▷貯蓄：1100万円

4位（15人） 経済番組を見る

視聴している番組で圧倒的に多くの人が挙げたのは、5：45からの『Newsモーニングサテライト（モーサテ）』。『NHK WORLD』を見ている人も。

「空売りをする材料探しに、モーサテの『きょうの株価材料』で、業績の下方修正や製品の不具合・事故などを確認」

本田裕子さん（仮名・46歳）
情報サービス・営業企画／ひとり暮らし
▷起床：5時45分
▷年収：470万円
▷貯蓄：1900万円

「モーサテを見ると、投資をしている人との会話の糸口になり、情報を教えてもらいやすい。目上の人との会話にも困りません」

高田寛子さん（仮名・38歳）
通信・顧客サポート／夫と子供2人と同居
▷起床：6時
▷年収：500万円
▷貯蓄：1500万円

4位（15人） 水筒に飲み物を入れる

アンケートの回答で、特にコメントが多かったのがこちら。自販機やコーヒーショップに毎日お金を使っていてはお金は貯まらない、との指摘が多かった。

「職場の暗黙の了解で、自分の飲み物は自分で持ってくる。節約になるし、お茶を入れる気遣いがなくてラクです」

小林美里さん（仮名・37歳）
医療・管理栄養士／ひとり暮らし
▷起床：7時30分
▷年収：270万円
▷貯蓄：1740万円

「飲み物は、外で買うと特に高くつくので水筒は必須。毎日の積み重ねで差がつきます。200円が月に20日だと、月4000円!」

森田 彩さん（仮名・34歳）
メーカー・営業事務／夫と子供1人と同居
▷起床：5時
▷年収：520万円
▷貯蓄：2210万円

※年収は手取り年収。貯蓄額には投資額を含む。

6位（12人） ポイ活する
（アンケートなどでポイントを獲得）

節約志向の人はもちろん、投資経験の豊富な人も実践するポイ活。少額でも確実にお金になる点が高く評価された。日課にする仕組みづくりを工夫している。

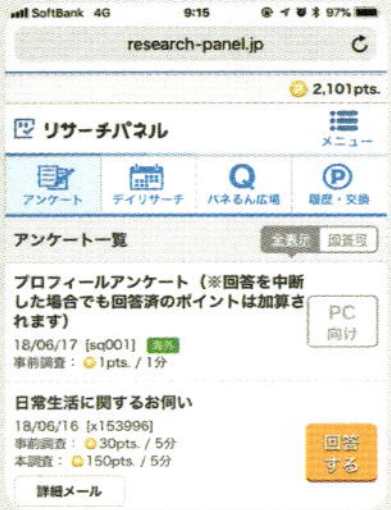

「アンケートに回答してまとまったポイントをもらう。回答後に座談会に呼ばれると、1時間ほどで約3000円もらえることも」

八田美緒さん（仮名・33歳）
医療卸・薬剤師／
夫と両親と同居
▷起床：6時
▷年収：480万円
▷貯蓄：2000万円

「ポイントを稼げるアプリやサイトのアイコンを、スマホでフォルダにひとまとめ。通勤時間にルーティーンで必ずポイ活します」

稲田ありささん（仮名・38歳）
保険・SE／
夫と子供2人と同居
▷起床：6時
▷年収：210万円
▷貯蓄：3800万円

他にもこんな朝習慣

不要なものをフリマに出品（4人）

「フリマを始めて1年弱で約20万円の売り上げに。不用品がなくなり、家の中も気持ちもスッキリ！」

中野はるかさん（仮名・43歳）
サービス・デザイナー／ひとり暮らし
▷起床：5時30分
▷年収：500万円
▷貯蓄：2360万円

「朝の光だと明るくきれいな写真が撮れるので、出品するものをすきま時間に撮影。出品作業は通勤の移動中に」

内村はるかさん（仮名・34歳）
化粧品・広報／夫と子供2人と同居
▷起床：6時45分
▷年収：480万円
▷貯蓄：3000万円

新聞を読む（11人）

「平日は15分ほど日経新聞の企業面を読みます。その日の株価が上下する材料になることが多いです。土曜はM&I面を。企業の新しい取り組みを、長期投資の判断材料にします」

秋山ゆかりさん（仮名・37歳）
IT関連・企画／夫と子供1人と同居
▷起床：6時
▷年収：420万円
▷貯蓄：3568万円（世帯）

運動をする（6人）

「週2回のランニングを始めてから、肩こりや便秘に悩まなくなり、風邪も引きにくく。医療費の節約に役立っています」

佐藤美穂さん（仮名・40歳）
医療・事務／両親と弟と同居
▷起床：5時
▷年収：539万円
▷貯蓄：9665万円

資格取得のために勉強（5人）

「資格手当がついて給与がアップする資格を取るため、勉強します」

河崎智香さん（仮名・29歳）
建設・営業事務／両親と弟と同居
▷起床：5時
▷年収：410万円
▷貯蓄：1450万円

ブログ、SNSをチェック（11人）

「朝起きたらベッドの中で30分、懸賞情報を掲載しているブログやインスタをチェック。飲み物はよく当たるので、しばらく飲み物は買っていないほどです」

須田優子さん（仮名・34歳）
看護師／ひとり暮らし
▷起床：5時45分
▷年収：476万円
▷貯蓄：1650万円

1000万円女子がチェックしているブログ

「1億円を貯めてみよう！chapter2」
銀行の金利やキャンペーンなど、お得な情報のまとめ

「バフェット太郎の秘密のポートフォリオ（米国株配当再投資戦略）」
主に米国市場の動向や資産運用の心構えについて、毎日2回更新

夕食の下ごしらえをする（4人）

「サーモスのシャトルシェフで、シチューやおでんを保温調理。光熱費の節約と時短になり、帰宅時には味を調えるだけでOKです」

岩田敦子さん（仮名・35歳）
医療・専門職／子供1人と同居
▷起床：6時45分
▷年収：300万円
▷貯蓄：1000万円

CHAPTER

5

・BEAUTY TIME・

時間をかけずに魅力をキープする人の

美容・振る舞い 編

いくつになってもかっこいい女性は、美容と共に健康も意識して過ごしています。限りある時間をどう過ごすべきか、先輩の知恵を拝借しましょう。ちょっとした心がけから生まれる魅力アップ術、わずか1分で肌悩みをリカバリーするテクニックなど、今すぐ試して効果を実感できるワザを大公開！

かっこいい40代女性たちの美と健康の時間割

40代になっても元気で美しい女性たちは、日々の時間割のなかにスキンケアやメイク、食、運動など、美の秘訣がたくさん詰まっていました。

CASE 1

30歳のときは…
積極的に焼き続けた肌が乾燥でボロボロに

⇩

朝の美習慣をルーティン化！起床時からその日の夜の睡眠の質を意識

メディプラス ストレスオフトレーナー
吉野あき子さん（46歳）

スキンケアブランド「メディプラス」の創業メンバーの吉野あき子さんは、仕事で心や睡眠と肌との関わりを研究し始めたことをきっかけに、40代で睡眠改善インストラクターやヨガ講師の資格を取得。その知識を自身の生活にも取り入れている。

特に重視しているのは睡眠。起床時から、その日の夜の睡眠の質向上のために、食事、運動などを工夫する。「睡眠の質はすべて肌の調子に関わってきます」と話す吉野さんの肌は、年齢を感じさせないほどのツヤ肌！ しかし、実は30歳まで1年中日焼けして肌がボロボロだったそう。「化粧品の開発に関わるようになって、美白の大切さを実感しています」。

美と健康の
ターニング
ポイント

40代で
ヨガ＆睡眠改善
インストラクターに。
専門知識を取り入れる

「お客様にストレスオフを提案する仕事もするようになり、専門的な知識を得ようと、ヨガや睡眠に関する資格を取得。それが自分の生活の改善にもつながりました」

吉野さんのスキンケアのルール

シンプルケア

オールインワンゲルで体も顔も保湿！

洗顔後は、メディプラスのオールインワン美容液「メディプラスゲル」で顔と全身を保湿。「肌の調子が気になるときは、『メディプラスゲルDX』にチェンジしています」。

プチプラ！

色物は手軽に買える薬局で

メイクアップはプチプラコスメが中心！「コンパクトにポーチに収まるのが気に入っています。購入は薬局で」。ベースメイクには、メディプラスの「BBクリーム」を。

こだわり出費

指を美しく見せるオリジナルフレンチネイル

「スクエアカットのフレンチネイルは、両サイドのキワに細くラインを入れたオリジナルのデザイン。指が長く、美しく見えます。ネイルサロンでオーダー」

出社までの約2時間!

分刻みの「美のメソッド」を公開

6:00 起床 白湯を飲む

6:10 瞑想・ヨガ・ストレッチなど

6:25 トイレ

6:35 シャワー

ブラインドから入る光で起床

目に光が入ってから17〜18時間後に眠くなるので、自然光で目覚めるように、ブラインドを半分開けて寝る。

起きてすぐ少量の湯で胃腸を動かす

自律神経を整え胃腸の動きを活発にするため、起きてすぐ、コップに3分の2ほどの白湯をゆっくり飲む。

「トイレに行く」をあえて習慣化

朝10分間、トイレに行くこともルーティン化。「"マインドフルネス"で、自分の体に向き合う大切な時間です」。

インストラクター資格を持つヨガで、リラックスを習慣に

オフィスやイベントでヨガを教えることも。「ヨガニドラ（眠りのヨガ）で心も体もリラックス」。10分のヨガ的眠りが1時間の睡眠効果に。

オフィスでもできる

・チェアヨガ・

椅子に座ったままでもできる「チェアヨガ」は、「仕事の休憩時間のリフレッシュに」。

椅子に浅く座り脚をそろえて、胸の前で合掌。股関節から前に倒れ、左ひじを右ひざに掛ける。背筋を伸ばし、息を吐きながらおへそからねじり、ゆっくり呼吸。正面に戻り反対も同様に。

6:45 スキンケア＆メイク

6:50 ドライヤーで髪を乾かす

7:20 朝食

7:50 家を出る

朝食に青汁や酢を取り入れて体の中からキレイに

「毎朝お酢を取り続けているおかげか、38歳のときに『血液検査の数値が高校生並み』と言われました」。オレンジジュースで割って習慣化。

右の小さなコップに半分の酢を、オレンジジュースで割って大きなコップで1杯飲む。朝食時に青汁も飲んでいる。

朝食では青汁も飲む

この量を割って飲む

スクワット30回＆顔ヨガ3分をしながら！

ドライヤーで髪を乾かしながら、顔ヨガとスクワットを同時に。「顔ヨガは、頬が持ち上がり、健康的に！」。

残業した夜は…

常備した白がゆで胃に負担のかからない夕食

「残業で遅くなった日の夕食は、味の素の『白がゆ』に。遅く食べても消化の負担が軽くなり、睡眠の質が向上」

日中は常に！

立つときも座るときもお腹を凹ませておく

常に背筋を伸ばし、お腹に力を入れてへこませた状態で過ごす。「1日でもウエストがサイズダウン」。

CASE 2

45歳のときに…

体のバランスの変化を感じ始める

⇩

食事の内容から気持ちのケアまで！**体の声**を聞きながら、自分らしさを追及

フルッタフルッタ 経営企画本部
人事部総務 マネジャー
高橋正子さん（47歳）

「40代半ばから眠気やだるさに悩まされるようになった」と言うフルッタフルッタの高橋正子さん。生活にも支障が出始めたため、食事を中心に生活を改善することに。「体重や体脂肪率を測定してメモし、調子がいい日と悪い日の差をチェック。体の変化を見ながら、自分に合う食品や栄養バランスを研究し、糖質を減らして野菜とたんぱく質を中心にした今の食生活に行き着きました」。職場では人事総務担当として多くの社員とやり取りするため、常にニュートラルな状態でいることが求められる。「落ち込んだときは、ノートを使った自己分析でメンタル面をケア。前向きな気持ちを保っています」。

美と健康の
ターニング
ポイント

体質のバランスの変化を感じ無理をしないことを心がけ始める

45歳を過ぎた頃から体質の変化を感じるように。「気持ちを安定させるため、無理をしないことを意識。運動や食生活も『完璧じゃなくていい』と割り切っています」。

高橋さんのスキンケアのルール

シンプルケア

洗顔＋化粧水の簡単ケアに薬局で買えるクリームをプラス

洗顔後、化粧水を垂らすと顔の形に広がるシートマスクを使ってパック。その後、薬局で買った「HPクリーム」を塗るだけのシンプルケア。

メンタルケア

夜、ノートに感情を書き心を整える

メンタルコントロールに役立っているのが、ノートによる自己分析。「ネガティブな感情も正直に書いて、なぜそう思うのかを分析します」。

入浴中

頭皮マッサージ＆口の周りの筋肉を動かす

シワ防止のため、入浴時に頭皮をマッサージ。「湯船につかりながら、大きく口を開けて『アイウエオ』を繰り返し、表情筋を鍛えます」。

無理な運動はなし！

食生活の見直しでベストコンディションに

朝食

卵2つに海苔を巻いてパクッ！

朝食は海苔を巻いたゆで卵で、たんぱく質とミネラルを。「テレビ番組で見た、大地真央さんの朝食を参考に」。

アサイードリンク　無調整豆乳　青汁

3 : 7

オリジナルドリンク

アサイー＆豆乳＆青汁のオリジナルドリンクを

「フルッタアサイーエナジー」と無調整豆乳を3対7で混ぜ、青汁をプラス。「朝は卵とこれだけです」。

昼食

たんぱく質と野菜中心のお弁当。ご飯は80g!

昼は手作りのお弁当を持参。「ご飯は80gと少なめにする代わりに、野菜と肉、魚、大豆製品はたっぷりというのが、私のベストバランス」。おかずは日曜の夜に作り置き。

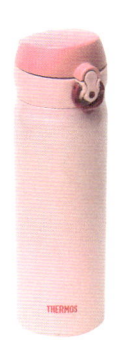

日中は温かいお茶を約1L飲む

会社では保温マグに温かい緑茶か番茶を入れて飲む。「500mlのマグを2回飲み切ります。氷入りの飲み物は飲みません」。

体重は数日に1度量り、メモに記録

週に2〜3回体組成計で体重や体脂肪率などを測定しメモ。「不調が続くときは、体調が良かった頃と何が違うのかを比較」。

むくみ、
目の下のくま…
貴重な朝に
速攻レスキュー

8つの肌悩み別
「1分間リカバリーテク」

顔がむくみでパンパン!
目の下のくまやほうれい線が目立つ――
朝の肌悩みをたった1分で
"なかったこと"にする
プロのワザを紹介します。

\ この人に聞きました /

ヘアメイクアップアーティスト
依田陽子さん

フリーランスのヘアメイクとして、『日経ヘルス』などの雑誌のほか、広告、テレビ、メイク講師など、多方面で活躍。

朝1分でできるリカバリーテク
2つのポイント

化粧品に頼る前に、手ワザで肌状態を良くするほうが得策

メイクを工夫する前に、"手ワザ"を使って肌状態そのものを底上げするほうが効率的。最低限のメイクで"肌のきれいな人"に。

ニキビなど気になる悩みは「ピンポイントでカバー」

ニキビやシミを隠そうとしてメイクを重ねると、厚塗りになり、かえって悪目立ちする。"肌のアラはピンポイントでカバー"が鉄則。

肌悩み 1

☑ むくみ
☑ フェイスラインのたるみ

\ メイクのプロが数多くの現場で効果を実感! /

解決法　手ワザで 1分　首の筋のリンパ流しが効く

タイミング&テク　**スキンケア後**

朝、顔がむくんだ状態になってしまう原因のひとつに、"リンパの流れの滞り"がある。「首から鎖骨にかけて刺激を与えることで、血流が良くなって不要な老廃物や水分が流れやすくなり、スッキリと小顔になります」。

HOW TO

・リンパ流し・

1

そろえた指の腹を耳の下に当てる

リンパ流しのスタート地点は、両耳下のくぼんだ部分。そろえた5本の指の中指の腹を中心に、くぼみに軽く当てる。

2

頭を左右にゆっくり振りながら、自然と指を首筋にはわせる

頭を左右にゆっくり振ると、自然と指が首筋に沿って下がっていき、リンパの詰まりを流してくれる。指先に力は入れないで。

3

鎖骨のへこんだ溝に指の腹をひっかけて、押す

リンパの流れのゴールは、鎖骨のくぼみ部分。指の腹でやや強めに数回押す。より力が入るように、腕を左右に組み替えても◎。

肌悩み 2　くすみ

解決法　タオルで 1分　**顔全体に“やや熱”ホットタオルが効く**

タイミング&テク

洗顔前(洗顔後でもOK)

顔のくすみを改善するには、血行を促進することが最善。「ポイントは、急激な“温冷差”。血行が良くなると新陳代謝が盛んになり、肌に透明感が生まれます。顔の色が2トーンくらいUP!」。

HOW TO

・ホットタオル・

1

蛇口から出るやや熱めの湯に
フェイスタオルを浸して
滴らない程度に軽く絞る

蛇口から出る、風呂より熱い程度の湯(45～50℃)にフェイスタオルを浸す。その後、軽く絞る。

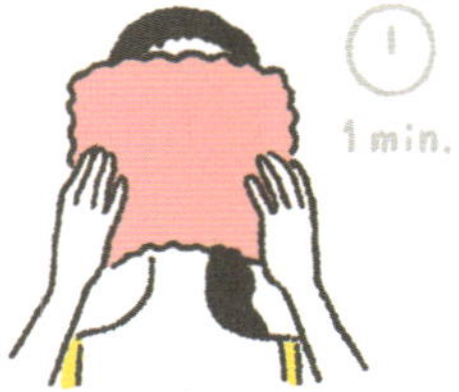

2

顔全体にタオルを1分間置く。
タオルが冷めるまで置いて

タオルを強く顔に押しつけるとやけどの原因に。ふわっと顔の上にのせる程度でOK。電子レンジで温める場合は、少し冷ましてから。

3

軽くタオルで肌表面を拭い、
化粧水などで整える

顔全体と小鼻をタオルで軽くなでて終了。その後の洗顔は不要。肌が冷えると乾燥が進むため、すぐにスキンケアを始めて。

肌悩み 3 目の下のくま

◎ 血行不良による青ぐまには

解決法1 **タオルで 1分 まぶたの上全体に“やや熱”ホットタオルが効く**

タイミング&テク

洗顔前(洗顔後でもOK)

くまの種類によって対処法は異なる。寝不足や飲みすぎの日の翌日に多い青みがかったくまは、血液の滞りが原因のため、温めるのが最適。

解決法2 **メイクで 30秒 オレンジ系コンシーラーを足す**

タイミング&テク

ベースメイク後

「青ぐまを隠すには、血行を良く見せる暖色系のコンシーラーが◎。日本人はイエローベースの肌色が多いため、なじみやすいオレンジ系を選んで」

エクセル サイレントカバー コンシーラー：どんな肌色にも対応する、ブラウン、オレンジ、ライトベージュの3色パレット。1728円(税込)／常盤薬品工業

解決法3 **メイクで 30秒 パール系のシャドウをのせる**

タイミング&テク

ベースメイク後

青ぐまがひどいときには、下まぶたの目頭から目尻にかけてオレンジのパール系アイシャドウをふわっとのせて。光の反射効果で、目元を明るく見せる効果が。

◎ たるみによる黒くまには

解決法 **メイクで 30秒 乳液やクリームタイプのコンシーラーを目の下に足して、凹凸の差を埋める**

タイミング&テク

ベースメイク後

40代以降に多い黒くまは、加齢によるたるみのせい。柔らかめのコンシーラーで、へこんで影になった部分を“足す”ことで、カバーしよう。

キスミー フェルム ハイカバー コンシーラー：肌に密着してヨレにくい。光を拡散してぼかす凹凸補正パウダー配合で、肌にキレイになじむ。600円(編集部調べ)／伊勢半

◎ 青ぐま？ 黒くま？ 簡単チェック

目の下のくまの下部に指の腹を当て、下に引っ張ると薄くなるが、くすみが消えない⇒青ぐま

上を向くと薄くなる⇒黒くま

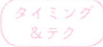

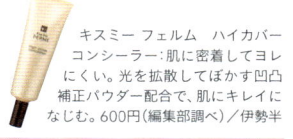

肌悩み 4 超乾燥 化粧ノリが悪い

解決法①　**スキンケアで 1分　乳液・クリーム厚塗りが効く**

タイミング&テク

洗顔後

肌に補給した水分が逃げないよう、油分でしっかり蓋を。化粧水後、普段の1.5〜2倍量の乳液やクリームを手のひらで軽く温めて顔に伸ばし、1分間放置。メイクの前にそっとティッシュオフ。

解決法②　**フェイスマスクで 1分　マスクの上からホットタオルが効く**

タイミング&テク

洗顔後

カサカサに乾いた肌は、いつものスキンケアだけでは不十分。フェイスマスクにホットタオルを当て、蒸気を与えると、グングン潤いが浸透しやすくなる。

肌悩み 5 毛穴の開き

冷蔵庫で冷やしておいた化粧水を使う。

解決法①　**スキンケアで 1分　ひんやり化粧水が効く**

タイミング&テク

洗顔後

緩んだ毛穴を引き締めるには、冷蔵庫で冷やした化粧水を使うといい。しゅうれん化粧水を使えば、さらに効果を期待できる。

解決法②　**メイクで 1分　下地で終わらせる／BBクリームを使う**

タイミング&テク

スキンケア後

一時的に閉じた毛穴は、時間とともに開いてくる。ファンデーションを厚塗りするより、BBクリームやCCクリームで終えるほうが崩れにくい。

肌悩み 6

ほうれい線

解決法

手ワザで 1分　口角引き上げストレッチが効く

タイミング&テク

スキンケア後

たるんだ頬を引き上げたいなら、“顔の筋トレ”が有効。口角を思い切り上げてビッグスマイル。やりすぎなくらい行うのが効かせるコツ。

小鼻の高さにある頬の中央を人さし指の腹でそっと押さえて固定。

指で押さえたまま、口角を限界まで引き上げ、30秒間キープ×2回。

肌悩み 7

唇の乾燥

解決法

リップクリームで 1分　ラップパックが効く

タイミング&テク

洗顔後

メイク前に、リップクリームやバームを唇にたっぷり厚塗りする。その上から、唇全体を覆うサイズにカットしたラップを張りつけて1分間キープ。

肌悩み 8

ニキビ、吹き出物

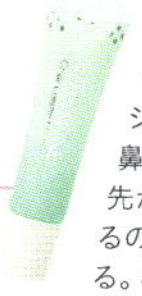

セザンヌ　赤み補正コンシーラー：気になる頬や小鼻の赤みを補正。チューブ先が斜めにカットされているので、肌に直接当てて塗れる。600円／セザンヌ化粧品

解決法

メイクで 1分　緑のコンシーラーが効く

タイミング&テク

ベースメイク後

赤みのあるニキビには、グリーンのコンシーラーを重ねると目立ちにくくなる。小筆でニキビにのせてから、肌になじませるように指で軽くぼかして。

「こんな人に
なりたい！」を
かなえる

朝・夜・すきま時間のTO DOリスト

1日のうちのちょっとした時間の使い方を見直すだけで、自分の変化を実感できます。「なりたい自分」のテーマ別に、その道のプロが教える時間の使い方のコツを紹介！

この人に聞きました

マナー講師
山田マキさん

ヒューマンブリス代表取締役。短大卒業後、全日本空輸に入社。客室乗務員としてVIPの接遇やPR活動などに携わる。2012年に研修講師・コーチとして独立。接遇やコミュニケーションに関する企業研修やコーチングを行う。著書は『あなたの魅力を爆発させる方法』（文響社）。

「魅力がにじみ出る人」になる

7つのTO DOリスト

毛玉取りブラシも使える！

1 朝イチ

2000円のニットでも
アイロンをかけて毛玉を取る

「安い服でも丁寧にお手入れしていれば、きちんとした印象を与えます」とマナー講師の山田マキさん。ニットに折りジワがあれば着る前にサッとアイロンを。毛玉にも注意して。

毛玉取りに便利なのが左のような専用ブラシ。「生地をなでると簡単に毛玉が取れます」。「まーぶる刷子 元祖Baby毛玉取りブラシ」1505円／マーブル総業

2 出勤前

テンションを上げたい日は、元気になれる人と
3分だけ話す

プレゼンなど人前で話す仕事がある日は、自分が元気になれる相手と朝、3分でも話すとテンションがアップ。「私は講演の日の朝、歩きながら実家の母と電話で話して元気に！」。

3 人と会うとき

初対面の相手とは
「目に星が入る」笑顔で接する

初対面の際、“表面的な笑顔”では相手の心をつかみにくい。「相手に関心を持っていると、自然に目がキラキラして瞳に星が宿ったように見えます」。相手の面白そうな部分を探してみよう。

4 すきま時間

洗面所やトイレを使ったら
「快適な状態」にしてから出る

トイレに落ちた紙切れ、水が飛び散った洗面台…。「自分が汚したのではなくても、直後に使う人はあなたのマナーを疑うもの。きれいにしてから出るのを習慣に」。

5 仕事中

「半径3m以内の仮想カメラ」を意識して過ごす

会議中、窓に映った自分のブス顔と猫背に驚愕したことはない？「ドキュメンタリー番組の主人公になったつもりで“仮想カメラ”を想定し、表情や姿勢を意識して」。

6 外出中

店員や清掃員、運転手などの
気持ちを想像して接する

店員や清掃員など“通すがりの相手”への冷たい態度は日常生活にもにじみ出るもの。「お掃除中の人に『使っていいですか』と声を掛けるなど、相手が誰でも気持ちを想像しながら接して」。

7 すきま時間

「思わずニヤけてしまう」ものを持ち歩き、自然に笑顔になる

「愛するペットやアイドルの写真、お気に入りの音楽など好きなものに触れる機会を増やすと、自然に笑顔になれます。私は映画『君の名は。』の主題歌を聴いて笑顔に（笑）」

忙しいなかでどんな時間を優先してる？

FROM READERS

「心にゆとりがある人」のTO DOリスト

週に一度は、**天気のいい朝にお寺を散歩する**ようにしています。お寺は緑も多くて季節感を感じられ、朝から開いているので、お散歩にぴったり。朝日を浴びながら、体内時計をリセットできます。
（35歳・IT・企画）

夜の1時間、ひとりでスキンケアとストレッチに集中するようにしています。毎日丁寧にスキンケアをしていたら、何年後かの肌が違ってくることを願って…。
（40歳・教育・事務）

「好かれる人」になる
7つのTO DOリスト

1 人と会うとき

「自分から殻を破る」のが本物の気遣いだと認識する

慣れない相手には気を使ってよそよそしくなりがちだが、「距離を縮めたいなら自分から殻を破って本音を伝えてみて。相手の気持ちを楽にすることが本物の気遣いと心得ましょう」。

2 仕事中

同僚の悪口は聞き流し、愚痴を言う相手を厳選する

悪口や愚痴などネガティブな会話ばかりする人は決して好かれない。「話を振られても『そうなの？』と聞き流せば巻き込まれません。愚痴を話すのは信頼する相手に厳選して」。

3 オフ時間

口喧嘩をした後は、あえて空気を読まない

彼や夫とささいな口喧嘩で険悪に…。「そんなときは先にサラッと謝るか、何事もなかったように接すると相手も折れるもの。先に謝れない男性のプライドを大人の余裕で許してあげて」。

4 オフ時間

素直な態度が愛されるコツ

アドバイスされたら「でも」ではなく「そっかー」と言ってみる

友人に恋愛や仕事の相談をする際、相手の助言に対して「でも…」と返していない？「“そっか、やってみる”と前向きに返せば、相手も“言ってよかった”と思ってくれますよ」。

自分ひとり、**そのとき自分が本当にしたいことをする**時間を大切にしています。会社帰りに急に高級なパフェを食べに行ったり、思い立って日帰り温泉に行ったり。人と予定を合わせると行きたいと感じた瞬間を逃してしまうし、聞きたくない話をされるのもストレスになるので。

（39歳・不動産・事務）

夫と1日1食は共にして、会話をするようにしています。以前は食事を各自のリズムで取っていましたが、夫婦のすれ違いが多くなっているように感じました。一緒に食事を取ることで、お互いの近況や考え方が分かるように。**人と人は、やはり話をしないとお互いの気持ちは分からないと**実感しました。

（35歳・サービス・営業）

断捨離で達成感をアップ

5 夜

寂しいときは、無心に

部屋を片づける

「彼や友人とべったり一緒にいたい人は、承認欲求が満たされていない傾向があります。寂しいときは部屋の片づけなど達成感のあることをして、自分で自分を認めてあげましょう」

別れた直後にすぐ送信！

6 夜

お礼のメールやLINEは

当日中に送る

気になる人と食事に行った後、取引先にごちそうになった後、お礼メールはできるだけ当日中に。「記憶が薄れないうちのほうが熱く感謝の気持ちを伝えられ、相手も喜びます」。

7 すきま時間

彼や友人からの

ノーレスポンスにやきもきしない

好きな相手にはささいなことでもLINEやメールを送ってしまい、返信がないと不安になりがち。「仕事に集中していて返信に気が回らないのかも。やきもきして追いかけないこと」。

どんなに忙しいときでも、**最低10分は湯船に浸かる**ようにしています。体が温まることで、睡眠もよく取れるようになりました。
（39歳・教育・教師）

高齢の母との生活時間がずれ始めたので、**朝食の時間だけは一緒に過ごす**ようにしています。
（52歳・建設・建築士）

子供と過ごす時間は、**親の都合でせかすことはしない**ように気を付けています。
（35歳・商社・事務）

ストレス解消と体形維持のためのヨガの時間は、体だけでなく心もすっきり。特に休日の朝イチは終わった後の解放感がたまりません。行けなかった日はサボったな～と後悔します。
（34歳・メーカー・営業事務）

目指せ！平熱36.5℃以上のカラダ

冷え冷え女子の24時間、こうして解決！

毎日知らないうちに冷えをため込んでしまっていない？1日の行動を振り返って、思い当たる冷え習慣があれば、しっかり改善を！

AM 7:00

目覚まし時計が鳴ってもすぐに起きられず布団の中でじーっとしたまま

だから冷える

目覚まし時計の音でかろうじて目は覚めるけれど、体がダルくて布団から出られず、じっと布団に入ったまま時間が過ぎる。やっと起きても、眠り足りない感じがする。

これで解決！【起床編】

布団から出る前のプチ運動でこわばりを取る

起き抜けのダルさは、冷えで筋肉が硬くなり、体がガチガチになっているせい。「目が覚めたら、寝たままできるプチ運動を。全身を伸ばすストレッチなど簡単にできることでOK。体を動かすことで血の巡りが良くなって、体も頭もスッキリします」（松村さん）。

この人たちに聞きました

イシハラクリニック 副院長
石原新菜さん
日本内科学会会員。日本東洋医学会会員。漢方医学を中心にさまざまな病気の治療に当たる。『やせる、不調が消える 読む冷えとり』（主婦の友社）など、冷え、ショウガに関する著書多数。

成城松村クリニック 院長
松村圭子さん
婦人科医。大妻女子大学非常勤講師。若い世代の月経トラブルから更年期障害まで、女性の一生をトータルにサポートする診療を行う。『女30代からのなんだかわからない体の不調を治す本』（東京書店）など著書多数。

運動は苦手！
甘いモノは
欠かせない！

冷え冷え女子代表

松本冷子さん
33歳、ひとり暮らし。仕事もおしゃれも頑張る働き女子。最近疲れ気味で、やせないのが悩み。

※石原新菜さんの著書『やせる、不調が消える 読む冷えとり』（主婦の友社）などを参考に記事を作成

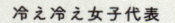

AM 7:30

きっとやせられる
ハズ…
MILK MILK
だから
冷える

朝食は美容&ダイエットのためにグリーンスムージー

ダイエットと美容のために、毎朝、青菜とバナナと冷たい牛乳でグリーンスムージーを作って飲んでいる。栄養的には問題ないはずだけれど……。

これで解決！【朝食編】

スムーズに体温を上げる温かい汁物を取り入れて

体温が上がり始める朝は、熱をつくる体の働きにスイッチを入れる、温かいものを取りたい。「おすすめはスープや味噌汁。スープなら豆腐や卵などを入れて。豆腐や卵、味噌に含まれるたんぱく質が熱をつくって体温がアップします」(松村さん)。

AM 8:00

見た目重視で
ゲット！
だから
冷える

新しいヒール靴！急いでいるけれど走れない…

おろしたてのヒール靴で出勤。足にまだなじんでいなくて、のろのろ歩いていたら、いつもの電車に乗り遅れそう。でも、ヒール靴じゃ走れない！

これで解決！【通勤時編】

走れる足元で体を動かす習慣を

「通勤時にはスニーカーやフラットシューズなど走れる靴を。ジョギングや速歩きといった有酸素運動は、血の巡りを良くして体温を上げる効果があり、温活では習慣にしたいことのひとつです」(石原さん)。朝の通勤時間に取り入れれば、無理なく続けられるはず。

AM 9:00

オフィスで仕事スタート。暖房が利いているけれど足元が寒い…

オフィスでは足元がちょっと寒いのが気になるけれど、暖房がガンガン利いているから、やり過ごしている。ひざ掛けなど、温活グッズは使ったことがない。

これで解決！【オフィス編】

下半身は温めグッズを上手に使って冷やさない工夫を

暖気は上に行くので、暖房の利いたオフィスでは下半身冷えに注意したい。「お腹から下は腹巻きやひざ掛けでしっかり覆って、太ももには湯たんぽを。靴下、レッグウオーマーで足首もしっかり温めましょう。これで全身がポカポカに」（石原さん）。

AM 10:30

アイスコーヒーで一息。冷たいミネラルウオーターもオフィスで愛飲

暖房による乾燥で、オフィスの空気はカラカラ。休憩タイムには、渇いた喉をアイスコーヒーで潤す。仕事中も、冷たい飲み物をついつい飲んでしまう。

これで解決！【飲み物編】

温かい飲み物または常温で飲む習慣づけを

冷たい飲み物は内臓を冷やして働きを悪くするばかりか、体の深部の熱も奪ってしまい、冷えには大敵。「飲み物は温かいものか、せめて常温で」（石原さん）。どうしても冷たいものを飲みたいときは、口に含んで温めてから飲み込むようにするといい。

PM 0:00

ランチはサラダ＆フルーツとクロワッサン

ランチでは、ビタミンたっぷりの野菜や果物を取ることを心がけている。コンビニでサラダ、フルーツ、クロワッサンを買うのが定番。ヨーグルトをプラスすることも。

これで解決！【ランチ編】

野菜を取るなら温野菜で。たんぱく質もプラス

生野菜や果物は、おおむね体を冷やしやすい。野菜を取るなら温野菜が◎。「コンビニでも、レンジでチンできる野菜たっぷりのスープが売られているので、上手に活用して。熱を生み出すたんぱく質として、チキンやゆで卵をプラスするとGOOD」（松村さん）。

PM 3:00

プチケーキと コーヒーで自分への ご褒美タイム

コンビニで買っておいた生クリームたっぷりのプチケーキで、コーヒーブレイクを。頑張っている自分へのご褒美。ふわふわスイーツで仕事の疲れを吹き飛ばす。

これで解決！【おやつ編】

白くてふわふわ したお菓子より チョコがいい

「東洋医学では、白砂糖や牛乳などは体を冷やすとされ、“白くてふわふわしたお菓子”はNG。コーヒーも、カフェインが体を冷やします。体を温めるのは色が黒いもの。おやつには、黒砂糖を使ったお菓子やカカオ成分が多めのチョコレートを」（石原さん）。

PM 4:00

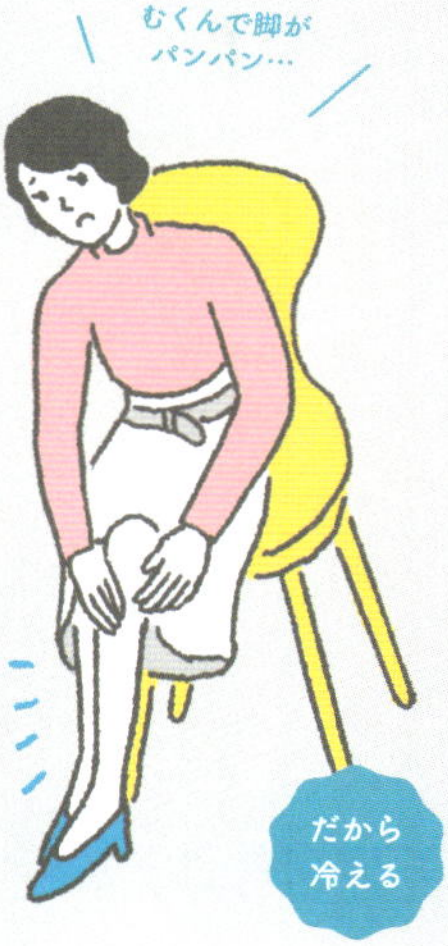

デスクワークで ずっと座りっ放し

PC作業が多いデスクワークで、ランチと休憩時間以外はデスクから離れないことが多い。座り時間が長いせいで、夕方になると、ふくらはぎがパンパンにむくんでくる。

これで解決!【デスクワーク編】

意識して体を 動かすことで 血巡りアップ

座りっ放しは血液や水分が下半身に集まり、むくみの原因になる。「デスクの下で足を上げ下げしたり、つま先を回すなどの運動を。肩のストレッチも忘れずに。時々、用事をつくって、デスクを離れて歩き、血巡りアップを心がけましょう」（石原さん）。

PM 7:30

仕事帰りに 同僚と生ビール

仕事の後は同僚と居酒屋に寄って、生ビールで乾杯。仕事が終わった後のビールは最高！　おしゃべりも弾んで、いつの間にか2杯、3杯と飲んでしまう。

これで解決！【夕食編】

お酒は生ビール よりも、体を温める 赤ワイン

「ビールや白ワインは体を冷やします。飲むなら、なるべく体を温める赤ワイン、日本酒、梅酒などを選びましょう。どうしてもビールを飲みたいときは、ショウガを使った料理など、体を温める食べ物と一緒に」（石原さん）

PM 11:00

あ〜さっぱり
する〜！
だから
冷える

平日夜は
シャワーでさっぱり

家に帰ったら、テレビを見ながらソファでゴロゴロ。面倒くさいので、お風呂は熱いシャワーをさっと浴びて終わり。湯船につかるのは週末ぐらい。

これで解決！【入浴編】

時間がないときは
手浴、足浴を
シャワーにプラス

冷え対策には、湯船にお湯を張ってつかるのが基本。でも、お湯につかりたくないときは、シャワーに加えて手浴や足浴を。「40〜42℃のお湯を張った洗面器に10分間手足をつけると、血巡りが良くなります」（石原さん）。

AM 0:00

このスカート
買っちゃおう
だから
冷える

スマホでSNSを
チェック。ついつい
時間が過ぎていく…

1日の終わりには、スマホでSNSをチェック。見始めると、ついスクロールする手が止まらない！　セール情報もチェックしたいし、まだまだ眠れない。

これで解決！【寝る前編】

好きな音楽を
聴くなど、
リラックスして過ごす

寝る前のスマホチェックは、交感神経が刺激されて、冷えの原因に。「副交感神経が優位になるように、好きな音楽を聴くなどリラックスできることを。軽い運動も体が温かくなって、スムーズな入眠にもつながる」（石原さん）。

AM 1:30

明日は朝から
大事な会議！
だから
冷える

気づけば
あっという間に深夜。
もう寝なきゃ！

スマホに夢中になっていて、寝ようと思ったときには、すっかり湯冷め。体が冷え冷えしてきたけれど、布団をかぶれば大丈夫。そのまま寝てしまおう。

これで解決！【寝室編】

部屋を暖かく
して、布団の中に
湯たんぽを

体が冷えると交感神経が優位になり、「寒くて眠れない」という睡眠トラブルも。寝室はエアコンで暖めておこう。「布団の中には湯たんぽを。首にタオルを巻くとより暖かに。パジャマは体を締めつけないものを」（石原さん）。

CHAPTER

6

・ WORKING TIME ・

自分らしいスタイルで仕事をする人の

働き方 編

パートナーがいてもいなくても働き続ける女性が増え、多様な働き方が生まれています。テレワーク、フリーランス、副業——理想のワークライフバランスを実現するためには何を選ぶべきでしょうか？

新しい働き方を始めた女性達のタイムスケジュールとマイルールをお手本に、自分に合った働き方を探してみて。

働く「時間」と「場所」は自分で決める！新しい働き方

ムリなく長く働き続けるために、テレワークやフリーランスなど、「時間」や「場所」にとらわれない働き方を選んだ女性たち、そのマイルールや時間割を聞きました。

CASE 1

週に2～3日 テレワークで働く

家族の介護をしながらでも仕事のペースは緩めない！

石渡絹子さん（38歳・ひとり暮らし）
損害保険ジャパン日本興亜
保険金サービス企画部

25歳のときに損害保険ジャパン日本興亜に転職。同社の場合、全社員が介護や育児に限らず、事前申請でいつでもテレワークが利用可能。

がん闘病中の姉をサポートするため、週2～3日テレワークを利用する石渡絹子さん。姉の家で家事をこなし、甥《おい》っ子たちの面倒を見ながら仕事をする。「初めは、出社しないことで業務に支障が出ないか不安でした」。しかし実際やってみると、スマホアプリのチャットやビデオ通話で、出社時と変わらないコミュニケーションや打ち合わせが実現。とはいえ、今まで以上にアウトプットの質を高めたり、上司や同僚とのコミュニケーションを密に取ったりと、努力も欠かさない。「家族が第一ですが、仕事も大好き。介護しながら働ける環境はありがたいです」。

ズバリ教えて！

Q こま切れで集中が途切れない？

A ルーティンを決めてスイッチON

「ダイニングテーブルの一角を仕事場と決めることで、座ったら仕事スイッチが自然に入るように。業務を効率化させるなど、時間への意識も高まり、集中力もアップ！」

テレワークがうまくいく 石渡さんのマイルール

RULE 1 アウトプットの質を高める

仕事をしている姿が周囲に見えない分、資料作成やデータ分析時は、「うっかりミスをしない」「納期に遅れない」など、いつも以上にアウトプットの質を高めることを意識。

RULE 2 「今日のTO DO」をリスト化する

始業時に1日の作業内容を箇条書きにして上司に報告。それをTO DOリストとして使い、計画的に作業を進める。「限られた時間を有効に使い、やり残しゼロを目指しています」。

RULE 3 普段より密なホウ・レン・ソウ

一緒に業務を進める同僚には、チャットで作業の進捗状況をこまめに連絡。また、離席する時間はあらかじめスケジューラーに入れておくなど、周囲に余計な気を使わせないように。

RULE 4 仲間に直接、感謝を伝える

仕事仲間の理解や協力なしには成り立たないテレワーク。不在時に社内当番制の庶務や電話対応などを肩代わりしてくれる仲間たちに、出社時に直接、感謝を伝えることを忘れない。

テレワークで働く

石渡さんの24時間

6:00
起床、甥っ子たちの朝食用意

7:30
家事

8:30
始業

WORKING TIME
3 hours

9:30
ミーティング

11:30
昼休憩、夕食用の買い出し

WORKING TIME
4 hours

12:30
業務再開

姉の愛犬の散歩へ

姉家族の朝食を済ませたら、姉の愛犬チャークくんと散歩へ。「通勤がないので、始業の1分前まで家事などの時間に充てることができます」。

チャットで上司に始業報告

1日8時間勤務という規定はあるが、仕事をする時間帯は自由。上司への始業・終業報告は、スマホアプリのチャットツール「ハングアウト」で。作業内容も簡単に伝える。

ビデオ通話で打ち合わせ

社内ミーティングは、スマホアプリのビデオ通話「フェイスタイム」で。「顔が見えるのが◎。社外との打ち合わせも、この方法で参加することができています」。

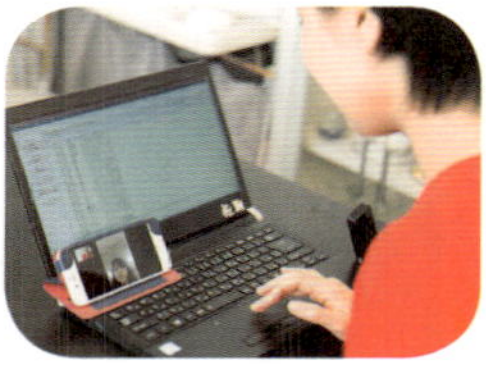

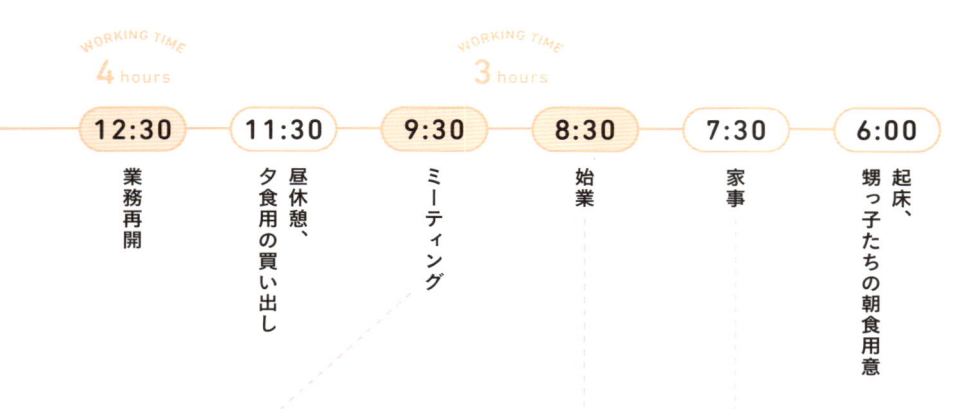

WORKING TIME 0.5 hours

16:30 夕食準備、甥っ子たちの習い事送迎

18:00 夕食

18:30 業務再開

19:00 終業

20:00 インターネットや新聞で情報収集

23:30 就寝

テレワークで働く石渡さんのワークスタイルDATA

仕事内容

自社の顧客満足度をアップさせる新サービスの企画

作業内容

データ分析、企画書作成、社内外のミーティングなど

時　間

こま切れで1日8時間

場　所

病気療養中の姉の家

姉の家のダイニングテーブルを仕事場に。会社支給のスマホ、ノートパソコン、ポケットWi-Fiをフル活用して、出社時と変わらないパフォーマンスを発揮する。

CASE 2

定休日は**木・金 フリーランス**で働く

事務職のプロとして 5社以上の 仕事を回す！

大木英恵さん（42歳・夫と息子と3人暮らし）
フリーランス
事務コンサルティング

保険会社営業、広告代理店の営業事務、ウェブサイトの運営管理と編集を経て、2011年、フリーランスの事務コンサルタントに。

秘書業務や経理、総務などの事務業務を、5社以上の会社から請け負う大木英恵さん。事務職のスペシャリストだ。転機は、7年前に起業家の友人とランチをしたこと。「忙しすぎてタスク管理が追いつかないと言うので、すべてリスト化し、スケジュールに落とし込んだら喜ばれて。報酬をもらい、定期的に行うことに」。同じように事務作業に手が回らず困っている経営者は多く、口コミで仕事はすぐに増え、フリーランスに転身。「会社員時代のさまざまな経験がこんな形で生かせるなんて、自分でもびっくり。人をサポートするのが得意な私の天職です」。

ズバリ教えて！

Q 会社員時代と比べて収入は？

A 手取りで月平均10万円アップ

「筆記用具や通信費、紙などの経費はすべて自己負担なので一概にはいえませんが、会社員時代より、手取りは月平均で10万円くらい増えました！　増減はありますけどね」（笑）

フリーランスがうまくいく 大木さんのマイルール

RULE 1 “テレビなし”で遊びの誘惑を断つ

家にはテレビを置かない主義。誘惑がなく仕事に集中できる環境を整えている。「もともとテレビは苦手。情報収集はインターネットやSNSで十分に賄えます」。

RULE 2 専門家の相場でギャラ交渉

フリーランスの事務職はあまり前例がないため、税理士など専門職の報酬をネットで調べて参考に。「作業内容にもよりますが、だいたい時給5000円を目安に設定しています」。

RULE 3 19時以降は返信しない

終業時間以降もメールチェックはするが、急ぎの案件以外は返信せず翌日に回すのがマイルール。「メールのやり取りなどの作業は19時までと決め、メリハリをつけています」。

RULE 4 仕事は自分主導でコントロール

タイトな納期で仕事を依頼されたら、安易に「できる」と言わず、「〇日までならできます」「この方法ではどうですか」と提案。「他案件も多いので、コントロールすることも必要」。

フリーランスで働く

大木さんの24時間

6:00 起床、スマホでメールチェック

7:00 ストレッチ・マッサージ・瞑想

8:00 朝食

10:00 家事

12:00 ランチ

予定変更や問い合わせの有無をチェック

始業は14時からと決めているものの、急な予定の変更や問い合わせメールがないか、スマホをチェック。急ぎの要件のみ即レスする。

代えの利かない体のメンテも仕事のうち

7年間、体調不良を理由に打ち合わせの延期や、納期遅れは1度もなし。体調に万全を期すことが信頼関係の構築につながる。

フリーランスで働く戦友・夫との情報交換

フリーランスで映像関係の仕事をする夫とランチ。気になるニュースを共有、意見交換を行うことで、情報をブラッシュアップする。

WORKING TIME
5 hours

14:00 始業

19:00 終業

20:00 夕食

22:00 就寝

作業ファイルは クラウドで一元管理

作業ファイルなどはクラウド上で管理して、どこからでもアクセスできるようにしている。仕事のメモやタスクは手帳に手書き。

フリーランスで働く大木さんの ワークスタイルDATA

仕事内容

秘書、経理、総務など、事務職全般のコンサルティング

作業内容

売り上げ管理や伝票作成、顧客対応、スケジュール管理、メルマガ作成

時　間

14：00～19：00

場　所

自宅または夫と営む「こどもパソコン教室」

仕事時間を決め、自宅か自営のパソコン教室で集中して業務に取り組む。夜に打ち合わせが入ることが多いので、午前中は自分時間にし、始業は14時から。木・金曜を休みに。

早い人たちはもう1つのキャリアに向けてすでに動いています！

私たち会社員ですが、「副業」始めています

「副業OK」の会社も増え、
パラレルキャリアが当たり前の
時代はすぐそこ！　一足先に
「本業プラスα」のワークスタイルを
手に入れた女性たちに、
その働き方を聞きました。

FILE 1

独学でTOEIC高得点の経験から、オンラインで学習支援するコーチに

川口美穂さん
（31歳・彼と2人暮らし）

本業　医療・事務
手取り月収 **20**万円台

副業　オンライン学習サービス「スタディサプリ ENGLISH」英語コーチ
手取り月収 **7**万円

独学で英語力を磨き、1年ほどでTOEICスコアを200点伸ばした川口美穂さん。その経験を生かし、医療業界で派遣社員として働く傍ら、リクルートグループが運営するオンライン学習サービス「スタディサプリENGLISH」のコーチを務める。TOEIC受験を目指す受講者に学習課題を毎週提示し、日々の進捗管理や勉強法への助言を、主にチャットで行うのが仕事。平日の日中はフルタイムで本業に従事し、夜や週末

日々のすきま時間のチャットで
受講生をサポートしています！

About
my second job

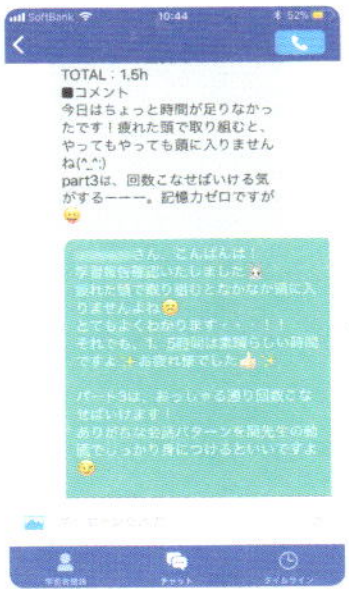

川口さんが担当する受講生は20〜50代の9人。その日の学習の進捗状況を報告してきた受講生にまず労《ねぎら》いの言葉を掛け、頑張りに共感を示してから、効率良く学習するための具体的方法をアドバイス。

の数時間を副業に充てている。「今までボーッと過ごしていた」という通勤時間も有効に使えるので、無理なく本業と両立できているという。「『コーチのおかげで点数が伸びた』などの言葉をもらったときは、涙ぐんでしまったほどうれしかったです。働く元気をもらえ、本業への励みにもなっています」。

ズバリ
教えて！

Q1. 副業を始めたきっかけは？

本業の職探し中に偶然の出合い

「派遣の更新時期だった一昨年秋、次の派遣先を探していた求人サイトで偶然発見。在宅でできる点に魅力を感じ、応募を決めました」。ほぼ同時期に、本業（新たな派遣先）も決まった。

Q2. 採用に至った勝因は？

“共感力”を面接でアピール

「『TOEIC800点以上』など英語力の条件のほか、コミュニケーション力が重視されているそう。面接時のロールプレイングでは、『頑張っていますね』など共感ワードを伝えるよう意識」

Q3. 本業と両立するコツは？

副業タイムを明確に決める

「通勤時間や昼休みを学習報告への返信に充てるほか、『夜22時以降に受信した分は翌日返信する』などマイルールを決め、本業に支障が出ないよう、メリハリをつけて働いています」

Q4. スキルアップのために何かしている？

TOEIC受験で出題傾向を把握

「毎日短時間でもTOEICの問題集などを解き、英語力を維持。TOEICも毎回受験し、最新の出題傾向を把握するように。今後はコーチングのノウハウも学び、副業に生かしたいです」

仕事道具はこれだけ

外出時はスマホ、自宅ではタブレット端末を使用。いずれも副業先からの支給品。

Q5. 今後の働き方の希望は？

在宅でコーチ業に専念する道も

「在宅勤務だけで働けるようになったら理想的。スタディサプリENGLISHのコーチ業にとてもやりがいを感じているので、本業の派遣を辞め、こちらを本業とする選択肢も検討中です」

副業がある日の

タイムスケジュール

7:40 起床

8:10 出発

副業タイム
約30分間乗車する朝の通勤電車内で、3～4件の学習報告に返信する。

9:00 会社到着
始業

副業タイム
朝に対応し切れなかった分があれば、昼食を早めに済ませて返信。

12:00 昼休み

17:40 終業

副業タイム
帰りの電車内でも、簡単に返事を打てるものをピックアップして返信。

18:30 帰宅
夕食や家事

20:00 副業

副業タイム
腰を据えての副業タイム。勉強法に悩む受講生に、時間をかけて丁寧に対応策を返信したり、定期的に実施する電話面談の時間に充てたりする。

23:00 就寝

REPORT

副業の勤務

週**6**日

業務委託のため、副業先から勤務時間の指定はない。

1日当たりの実働時間

1～2時間

平日はすきま時間を使い、スマホのチャット機能で受講者からの学習報告にフィードバック。定期的に行う音声通話でのカウンセリングや学習課題の送付は、夜や週末に対応。金曜は副業はしない"ノー返信デー"としている。

FILE 2

未経験の仕事でも臆せずアプローチし、入社1年目から副業スタート

熱田優香さん
（24歳・彼と2人暮らし）

本業 サイボウズ
ビジネスマーケティング本部

手取り月収 **20**万円台

副業 育児支援サービス「キッズライン」
ウェブ記事の企画・編集

手取り月収 約**5**万円

ソフトウェア開発のサイボウズは、7年前から社員の副業を解禁している、いわば〝副業先進〟企業。そこへ新卒入社し、3年目の熱田優香さんは、なんと入社1年目から副業を始めた。

育児支援サービスの「キッズライン」で、業務委託としてウェブ記事の企画・編集を担う。基本的にリモートワークで、出社はしない。編集は未経験だったが、それを逆手に取り「私のように活字が苦手な人も読みたくなる記事を作ろうと取り組んでいます」。

副業を始めたのは、「誰もが自分らしく生きられる社会を実現したい」という自身のミッシ

本業の昼休みや土日が
副業タイムです！

ョンに従ってのこと。「サイボウズもそうですが、キッズラインの理念には自分の思いと重なる部分があったので飛び込みました。女性が育児とキャリアを両立できる社会を目指して、力を尽くしたいです」。

About
my second job

ベビーシッターサービスを文化として普及させるため、ユーザーインタビューや、ユニークな活用事例を発信している。「どんな記事なら“バズる”か、社員とチャットでやり取りしながら企画を練ります」。

ズバリ
教えて！

Q1. 副業を始めたきっかけは？

本業に慣れた頃に人材募集を発見

「もともとキッズラインに興味があり情報はフォローしていましたが、本業にある程度慣れた入社1年目の冬頃、偶然に人材募集を発見。条件欄に会社員の兼業可とあったので応募しました」。

Q2. 採用に至った勝因は？

経験より“思い”を伝えた

「実は、文章を書くのも読むのも苦手なのですが、自分が社会で果たしたい役割と、キッズラインのビジョンとが合致していたので、スキルより思いを積極的に伝えたのがよかったのかも」

Q3. 本業と両立するコツは？

隠さず、オープンにすること

「副業先には本業優先であること、大量の仕事はさばき切れないことなどを伝え、本業先にも、副業の状況を伝えて理解してもらっています。オープンにしたほうが協力を得やすいです」

Q4. スキルアップのために何かしている？

多方面からのインプットを意識

「実践から学びたいので、特別な勉強はしていません。ただ、アウトプットばかりではいいものを生み出せなくなるので、休日は意識的に映画を見たり、イベントに出かけたりします」

仕事道具は
これだけ

本業で支給されている MacBook を許可を得て副業でも使用。ノートなど紙類は使わない。

Q5. 今後の働き方の希望は？

平日1日を副業に充てたい

「副業は今以上に記事の企画段階から深く関わりたいので、平日に出社日を1日つくりたいと思っています。本業は平日4日勤務にし、その分を残業でカバーするなど、上司と相談中」

副業がある日の タイムスケジュール

8:00 起床

8:30 出発

9:00 会社到着
始業

12:00 昼休み

副業タイム

ライターに記事を発注し、編集するのが主な業務。お弁当を食べつつ、ライターからメールで届いた原稿などを確認。

19:00 終業

19:30 夕食や家事

20:00 副業

副業タイム

会社以外では、自宅で作業。「最近引っ越して、書斎にデスクやオフィス用チェアを置き、集中できる環境を整えました」。

24:00 就寝

REPORT

副業の勤務

週**3**～**10**時間

1日当たりの実働時間

10分～**6**時間

平日のすきま時間と土・日曜のどちらかに半日ほど作業する場合が多いが、忙しくなると1日がかりの日も。「本来は本業に充てる平日の日中も、副業の取材などで多少抜けるのは自由なので、その点は本業の会社に感謝です」。

STAFF

イラスト：かざまりさ
間取りイラスト：藤井昌子
写真：小野さやか、工藤朋子、佐藤和恵、白谷賢、鈴木愛子、sono（bean）、
中本浩平、原田真理、松橋晶子、柳原久子、吉澤咲子、PIXTA
取材・文：宇佐見明日香、海老根祐子、工藤花衣、高島三幸、武田京子、西尾英子、
籏智優子、福島由恵、松岡真理、三浦香代子、元山夏香、森野史江、吉田明乎
撮影協力：b-monster新宿店
取材協力：リノベーション賃貸ブランド「REISM」

本書に掲載の情報は、日経 WOMAN2017 年 2 月号、2018 年 3 月号・4 月号・5 月号・6 月号・7 月号・8 月号・10 月号の記事を抜粋、加筆、再編集したものです。内容は原則として取材当時のものですが、一部情報を更新しています。記事掲載の価格は原則、消費税を除く税別表記としています。

仕事も毎日も整う！

働く女子の時間のルール

2019年2月25日　第1版第1刷発行
2019年3月18日　第1版第2刷発行

編　者　日経 WOMAN 編集部
発行者　南浦淳之
発　行　日経BP社
発　売　日経BPマーケティング
〒105-8308　東京都港区虎ノ門4-3-12

編　集　株式会社マーベリック（大川朋子、奥山典幸、松岡芙佐江）
デザイン　APRON
印刷・製本　図書印刷株式会社

https://nkbp.jp/booksQA

ISBN978-4-296-10208-2

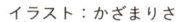

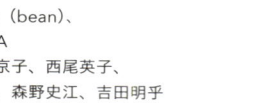